Famille MONOPARENTALE

Barry G. Ginsberg Ph. D.
Préface de Roberta Israeloff

Famille MONOPARENTALE

Broquet
97-B, Montée des Bouleaux, Saint-Constant, Qc, Canada J5A 1A9
Tél.: 450-638-3338 Téléc.: 450-638-4338
Internet: www.broquet.qc.ca Courriel: info@broquet.qc.ca

Ce livre est dédié à ma mère, Leah Schwartz Ginsberg Epstein, femme et chef de famille monoparentale remarquable.

Catalogage avant publication de Bibliothèque et Archives nationales du Québec et Bibliothèque et Archives Canada

Ginsberg, Barry G., 1936-

Famille monoparentale

(Guide de survie)

Traduction de : 50 wonderful ways to be a single-parent family.

ISBN 978-2-89000-966-0

1. Parents uniques. 2. Familles monoparentales. 3. Rôle parental. I. Titre. II. Collection: Guide de survie (Saint-Constant, Québec).

HQ759.915.G5614 2008 306.85'6 C2008-940679-6

POUR L'AIDE À LA RÉALISATION DE SON PROGRAMME ÉDITORIAL, L'ÉDITEUR REMERCIE :
Le gouvernement du Canada par l'entremise du Programme d'aide au développement de l'industrie de l'édition (PADIÉ) ; la Société de développement des entreprises culturelles (SODEC) ; l'Association pour l'exportation du livre canadien (AELC).
Le gouvernement du Québec – Programme de crédit d'impôt pour l'édition de livres – Gestion SODEC.

Titre original : *50 wonderful ways to be a single-parent family* publié par New Harbinger Publications, Inc.

Dépôt légal — Bibliothèque nationale du Québec
2e trimestre 2008

Traduction Érika Duchesnes
Révision Lise Lortie, Andrée Laprise
Infographie Sandra Martel

Imprimé au Canada

ISBN 978-2-89000-966-0

Table des matières

Préface

Rien n'est plus difficile que d'être parent. La tâche à accomplir – la responsabilité d'élever de bons enfants – est particulièrement exigeante. « Est-ce que je fais bien ça ? » « Est-ce que je pourrais faire mieux ? » « Est-ce que j'ai bien réagi ? » Nos inquiétudes rendent parfois cette tâche herculéenne.

Le docteur Barry Ginsberg a le don d'alléger notre fardeau et, par conséquent, de nous convaincre que nous pouvons réussir comme parent et même nous épanouir dans ce rôle.

Le Dr Ginsberg ne tente pas de simplifier le rôle du parent, mais il explique en termes simples des concepts difficiles et des interactions délicates sans atténuer leur complexité. La vision du Dr Ginsberg est réaliste quant à ce que les parents peuvent effectivement accomplir et elle est empreinte d'optimisme quant à la nature humaine. Il est convaincu qu'avec de la pratique, de la patience et de bonnes intentions, nous pouvons devenir le parent que nous souhaitons être. Cette conviction se fonde sur une introspection honnête. Toutefois, ses conseils axés sur le comportement se révèlent tout à fait judicieux. Il propose également un ensemble de valeurs essentielles pour entretenir de bonnes relations avec les autres : « Parlez-vous. Respectez-vous. Écoutez-vous. Dites ce que vous pensez et soyez à l'écoute de vos sentiments. Prenez vos responsabilités. Organisez des conseils de famille.

Établissez des règles de base. » Ces principes sont bien connus, mais nous les oublions ou en dérogeons parfois. Barry Ginsberg nous presse de ne pas les oublier, parce qu'ils constituent une ressource précieuse. Sa confiance est contagieuse.

Chacune de ses propositions découle de ces valeurs. Suivre ses conseils n'est pas toujours chose facile. Comme les meilleurs entraîneurs, ceux qui veulent notre bien, le Dr Ginsberg nous rappelle d'être patients. « Prenez le temps de lire ce livre et d'intégrer son contenu, mettez les conseils en pratique et vous réussirez », répète-t-il.

Cet ouvrage propose une approche progressive du rôle parental. Comme l'auteur l'explique, les parents qui se connaissent bien ont assez d'assurance pour connaître leurs enfants. Il décrit un climat émotionnel dans lequel nous prenons nos responsabilités face à nous-mêmes avant d'entrer en relation avec les autres, que ce soit nos enfants, nos ex-conjoints, nos amis ou les membres de notre famille d'origine.

Le Dr Ginsberg conseille également de commencer par la base pour aborder petit à petit des étapes plus complexes. Par exemple, pour mieux nous connaître, il nous encourage à déterminer d'abord si nos sentiments sont positifs ou négatifs. Ce n'est que lorsque cette distinction a été faite que nous pouvons aller plus loin. La méthode présentée est si simple qu'on peut se demander si elle sera efficace devant la complexité de la vie. Pourtant, sa méthode fonctionne.

Le Dr Ginsberg est à la fois parent et psychologue. Tout au long de votre lecture, vous entendrez ses deux voix. Vous vous apercevrez rapidement *que vous parlez et pensez différemment. Ce livre m'a aidée à devenir une meilleure mère. Même mes enfants ont remarqué la différence. Les vôtres aussi la remarqueront.*

Roberta Israeloff

ancienne collaboratrice à la rédaction du magazine *Parenting*

Introduction

La plupart des gens seront d'avis que la famille est ce qui donne du sens à la vie ; c'est notre plus grande richesse. La famille est multidimensionnelle : nous y naissons, nous nous y développons et nous participons à son évolution notre vie durant. La famille se perpétue longtemps après notre disparition.

Cependant, l'idée de la famille s'est transformée avec le temps. Depuis la fin de la Deuxième Guerre mondiale, la famille américaine a connu une transition considérable. Pensez à ce qu'on attend d'un homme et d'une femme. Autrefois, les hommes travaillaient à l'extérieur ; tandis que les femmes travaillaient à la maison. Aujourd'hui, les hommes et les femmes cheminent vers des rôles plus équivalents. À mesure que les femmes intègrent le marché du travail, les hommes consacrent davantage de temps aux tâches ménagères et aux soins des enfants. Traditionnellement, les femmes étaient responsables de la cohésion et de la dimension émotionnelle de la famille, mais même cet aspect tend à se transformer. Si bien des hommes expriment encore difficilement ce qu'ils ressentent et se retirent dans leur « caverne », d'autres sont de plus en plus à l'aise. Ils ont plus de facilité à parler de leurs émotions et semblent moins chatouilleux sur le sujet de leur masculinité.

Cependant, il n'y a pas que les rôles qui changent. Depuis quelques années, la définition même de ce qui constitue une famille s'est élargie et s'est diversifiée. En raison de l'augmentation du nombre de divorces et de séparations, la famille d'aujourd'hui inclut souvent des enfants, des belles-filles, des beaux-fils, des demi-sœurs, des demi-frères, des maris, des femmes, des ex-maris, des ex-femmes, des parents et des beaux-parents, en plus de la famille élargie et des belles-familles.

On constate aussi une augmentation du nombre de familles monoparentales. Selon les données du recensement américain de 2000, le nombre de familles où la mère est le seul parent a augmenté de 25 % depuis 1990, pour s'élever à plus de 7 millions et demi de foyers. Le nombre de pères seuls a aussi augmenté. Plus de deux millions de pères sont chefs de famille monoparentale.

Que les familles monoparentales aient à leur tête une mère, un père ou un des grands-parents, on y trouve des forces et des difficultés communes. Parmi les grandes forces inhérentes aux familles monoparentales, il y a la coopération. Cette coopération favorise la résilience, l'indépendance et la compétence. Parmi les défis importants à relever, il y a l'apprentissage de la souplesse qui permet de composer avec les changements et les situations nouvelles tout en conservant des valeurs fondamentales.

Comme tous les parents, les chefs de famille monoparentale doivent aider leurs enfants à devenir courageux, optimistes et enthousiastes face à la vie ainsi qu'à développer de bons concepts de soi, de bonnes relations et de bonnes habiletés d'adaptation.

Les parents seuls peuvent atteindre ces objectifs en adoptant des principes, des attitudes et des méthodes qui sont utiles pour toutes les familles et qui peuvent être adaptées et modifiées pour convenir à leur situation. Ce qu'il faut comprendre avant tout, c'est que vous pouvez vous épanouir et bâtir ensemble des vies stables, positives, constructives et riches en relations, peu importe la forme que prend votre famille. *Famille monoparentale* veut répondre à cette aspiration.

PARTIE 1

L'adaptation à la transition et au changement

1

Chercher les éléments positifs

Même dans une situation qui semble très pénible, on peut trouver des éléments positifs. Quand on se concentre sur les éléments positifs, on est de meilleure humeur et on peut mieux composer avec les événements. Après tout, les éléments positifs enrichissent notre vie. On n'a qu'à songer aux sentiments qu'on éprouve en pensant à l'amour qu'on porte à nos enfants et à nos proches ou à l'amour qu'ils nous portent.

Rappelez-vous une période où votre rôle parental vous semblait impossible à assumer. C'est peut-être arrivé lorsque vous êtes devenu chef de famille monoparentale. Il vous a sûrement fallu du temps pour retrouver votre équilibre. Mais si la situation s'est stabilisée aujourd'hui, votre famille est devenue une famille monoparentale fonctionnelle. Avec le temps et des efforts constants, les éléments positifs sont ressortis, et il faut continuer à les privilégier.

Nancy, mère de trois filles, a été mariée onze ans avant de devenir chef de famille monoparentale. Même si elle avait confiance en sa capacité de composer avec son travail et ses responsabilités parentales, elle a été rapidement mise à l'épreuve. Chaque soir, en revenant du travail, elle s'empressait de préparer le souper. Tara, sa plus jeune fille, semblait toujours choisir ce moment pour faire une crise. Au début, Nancy se fâchait contre elle. Puis, elle s'est questionnée sur les éléments positifs de cette situation. Elle s'est rendu compte qu'après une journée loin de sa mère, Tara avait plus besoin d'elle que d'un repas. Nancy en a parlé avec ses filles, et elles ont décidé d'un commun accord de passer un peu de temps ensemble au retour à la maison avant de s'atteler à d'autres tâches. En trouvant des éléments positifs dans leurs relations, comme l'importance que ses filles avaient pour elle, Nancy a été en mesure d'apporter des changements bénéfiques à sa vie de famille.

Vous pouvez faciliter ce processus en reconnaissant les nombreux éléments positifs dans votre vie et celle de vos enfants. Réfléchissez au fait que vous devenez plus confiant, que vous avez l'amour et l'affection de vos enfants et de vos proches et que vous avez parcouru un bon bout de chemin.

En continuant à vous concentrer sur les éléments positifs, vous et vos enfants vous rapprocherez de plus en plus avec le temps. Prenez le temps de repenser aux expériences positives qui vous font du bien. C'est beaucoup plus salutaire que de ruminer ce qui est négatif.

Matière à réflexion

- Rappelez-vous que rien n'est permanent. La vie change continuellement. Ce qui arrive aujourd'hui sera perçu autrement demain. Garder ces réflexions à l'esprit permet de rester souple et d'éviter l'enlisement.

- C'est facile de se critiquer ou de voir les choses sous un jour négatif. Chaque fois qu'une pensée négative effleure votre esprit, tentez de la transformer en pensée positive. Par exemple, au lieu de dire : « Mes enfants ne m'écoutent jamais », dites-vous : « Mes enfants m'ont écouté la dernière fois que je leur ai demandé de m'aider. »

- Chaque jour, faites une liste des événements qui vous ont fait du bien. Relisez-la avant de vous endormir et au réveil. Cela vous aidera à vous les rappeler et à vous sentir mieux. Faites cet exercice sur une longue période. Vous vous apercevrez que la sensation de bien-être reste en vous, même quand les choses deviennent plus difficiles.

- Exercez-vous à reconnaître les actions et les paroles positives de vos enfants tout en fermant les yeux sur leurs comportements négatifs. Cela ne veut pas dire d'abandonner la discipline. Il s'agit plutôt de ne pas assombrir par des incidents négatifs le moment où vous revoyez les éléments positifs de votre journée. Plus vous reconnaîtrez les choses positives que font vos enfants et les sentiments positifs qu'ils vous inspirent, plus ils se sentiront bien et plus vous aurez de bons sentiments à leur égard.

Il y a des éléments positifs dans toutes les situations. Prenez un moment chaque jour pour vous les remémorer.

2

Dire : « Je suis capable »

Nos attitudes influencent notre motivation et nos actions. Adopter une attitude positive en se disant « je suis capable » nous inocule contre les déceptions et nous stimule à explorer de nouvelles avenues. Il faut avoir confiance en notre capacité de résilience. Tous les êtres humains passent par des périodes stables et des moments de transition. En reconnaissant que la vie change continuellement, on est mieux préparé à composer avec les conséquences de ces changements.

Louis est du type « je suis capable ». Il s'est rendu compte qu'il ne pouvait pas conserver son emploi bien payé – mais très exigeant – au sein d'une société d'experts-conseils quand il est devenu chef de famille monoparentale. Ses garçons, de douze et quatorze ans, étaient trop jeunes et trop vulnérables pour rester seuls aussi souvent que son emploi le demandait. Louis a choisi un poste moins important avec un salaire beaucoup plus bas pour être plus présent à la maison. La transition a été difficile pour lui, il s'inquiétait de sa perte de revenus. Cependant, il a conservé une attitude positive. Cela lui a permis de discuter avec son patron d'idées qui pouvaient rapporter à l'entreprise comme à lui-même.

Son patron a bien reçu ses idées, et Louis a été flatté de voir que ce nouvel arrangement convenait à tout le monde.

Les attentes sont un facteur déterminant dans l'adoption d'une attitude positive. Quand on y pense, un « échec » signifie souvent qu'on est déçu de ne pas avoir été à la hauteur de nos attentes. Si c'est vrai, alors en modifiant nos attentes, on peut obtenir succès et satisfaction. Pour y parvenir, on doit être réaliste quant à ce qu'on peut espérer de soi-même et des autres.

Matière à réflexion

- Prenez soin de votre santé. Il faut de l'énergie pour garder une bonne attitude, et plus on est en santé, plus on a de l'énergie. Adoptez de bonnes habitudes alimentaires (essayez de ne pas manger avec excès ou tard le soir). Voyez un médecin régulièrement. Maintenez un horaire stable de sommeil (allez au lit à la même heure tous les soirs) et faites régulièrement de l'exercice (une promenade de dix minutes peut être très énergisante).

- Soyez conscient de ce qui est important pour vous. Vous serez plus motivé à maintenir une bonne attitude si vous savez que vous êtes en train de réaliser vos objectifs. En étant conscient de ce qui est important pour vous, vous éviterez d'être distrait en tentant de plaire aux autres. Garder vos valeurs à l'esprit vous aidera également.

- Votre attitude peut influencer vos choix et leurs conséquences. Affinez votre attitude à l'égard des événements et des gens. Dites « parfois » ou « souvent » au lieu de « toujours ». Soyez précis (« j'ai manqué cette occasion ») au lieu d'être catégorique (« je suis nul »). Prenez vos responsabilités et dites (« je n'étais pas bien préparé ») au lieu de jeter un blâme (« c'était injuste »). Faites disparaître le verbe « devoir » de votre vocabulaire. Affirmez-vous. Au lieu de dire « j'aurais dû », dites « pour moi, c'est important que… »

- Trouvez des moyens pour évacuer le stress et lâcher prise. Tout le monde a besoin de se détendre. Prendre du temps pour soi aide à se reconcentrer sur les tâches à venir. Trouvez un moment chaque jour (quelques minutes suffisent) pour vous libérer de toutes distractions extérieures. Essayez de ne penser à rien et faites de la relaxation, méditez ou priez.

- Participez à une activité hebdomadaire qui n'a rien à voir avec votre famille ou votre travail (faites un sport, une activité sociale ou du bénévolat).

- Planifiez et gérez votre temps. Vous serez plus efficace et vous aurez plus d'énergie pour les questions ayant une charge émotionnelle. Gardez à l'esprit vos choix de vie fondamentaux positifs et restez fidèle à vos valeurs.

Dire « je suis capable » peut faire une grande différence.

3

Canaliser vos forces

Quand on doit faire face à des situations défavorables et au changement, on oublie souvent nos réalisations et nos succès passés. La vie nous apprend à développer de nombreuses aptitudes de base, et c'est important d'y faire appel. Il ne faut pas oublier qu'aucun parent, dans n'importe quel type de famille, ne possède toutes les compétences nécessaires pour réussir dans toutes les situations. Quand on accepte ce principe, on peut se servir de nos connaissances pour trouver des réponses à nos questions.

L'histoire de David illustre très bien ces principes. Après sa séparation, David est devenu le parent le plus présent auprès de ses enfants. Jusqu'à cette époque, il ne s'était pas beaucoup occupé d'eux. Mais cela ne l'a pas découragé. Il s'est rendu compte qu'en tant que dirigeant d'un groupe dans son entreprise, il savait comment amener les gens à travailler. Il a donc abordé son rôle parental comme il l'aurait fait au travail, en faisant le point sur la situation. Il a lu quelques livres sur l'art d'être parent, a parlé à des gens qui lui semblaient bien connaître les enfants et il a réuni sa famille pour découvrir le point de vue de ses enfants et s'assurer de leur coopération. Avec toutes ces informations, il a été en mesure d'assumer son rôle de chef de famille monoparentale avec confiance.

Il peut être utile de se rappeler que l'humain est programmé pour résoudre des problèmes et trouver des solutions de rechange pour accomplir ce qu'il désire. Canaliser nos forces quand on fait face à de nouvelles situations ou à des problèmes nous aide à atteindre nos objectifs. Voici deux moyens efficaces pour vous aider à vous concentrer sur vos forces. Premièrement, essayez d'être patient ; comptez sur le temps et le sérieux de vos efforts pour trouver des solutions. Deuxièmement, rappelez-vous vos succès passés. Vous pouvez le faire par étape. D'abord, assoyez-vous et détendez-vous. Laissez votre esprit revivre une expérience réussie dont vous êtes fier. Cette réalisation peut être mineure, l'important c'est que vous la considériez comme une réussite. Ensuite, laissez-vous envahir par les sentiments que vous avez éprouvés quand vous avez constaté votre succès.

Imprégnez-vous de ces sentiments et laissez-les envahir votre corps.

Maintenant, réfléchissez aux habiletés auxquelles vous avez fait appel pour réussir. Notez-les. Faites cet exercice une fois par semaine et vous constaterez à quel point vous pourrez facilement faire appel aux forces que vous avez mises en valeur.

Exemples de forces qui pourraient apparaître sur votre liste.

- Je suis patient.
- J'ai une bonne nature.
- J'aime les gens.

- Les gens m'apprécient.
- Je suis souple.
- Je suis un bon communicateur.
- Je suis responsable.
- J'ai un bon sens de l'humour.
- Je suis affectueux.
- J'ai une bonne mémoire.
- Je suis indépendant.
- Je cuisine bien.
- Je suis un bon organisateur.
- J'ai une bonne intuition.
- Je suis un planificateur.
- Je suis un vaillant travailleur.

Il y a une autre force importante à ajouter à votre liste si elle n'y figure pas déjà : *je sais où m'adresser – à des personnes ou à des ressources – quand je ne trouve pas de réponse.* Vous pouvez ensuite intégrer ce que vous avez appris de ces sources à vos nouvelles habiletés.

En canalisant vos forces, vous resterez sur la bonne voie. Il peut être utile de conserver votre liste à portée de main pour la relire tous les jours. Devant un problème, ce sont vos forces qui vous aideront à trouver la solution qui vous convient.

4

Répondre aux besoins de vos enfants

Répondre aux besoins de vos enfants fait partie des choses les plus importantes de votre vie. Naturellement, vous leur consacrez beaucoup de temps : en prenant soin du foyer, en préparant les repas, en les soignant, en les aidant à faire leurs devoirs, en les conduisant à leurs activités. En fait, vous participez à tous les aspects de leur vie. Mais quels sont les *véritables* besoins de vos enfants ? Comment savoir si vous y répondez vraiment ?

Annie se posait ces questions après son divorce, car elle s'inquiétait de la réaction de ses enfants. Comme elle devait travailler un plus grand nombre d'heures, sa mère lui donnait un coup de main pour s'occuper des enfants. Leur père ne venait pas souvent les voir, et les enfants posaient beaucoup de questions à son sujet. Elle s'est également aperçue que ses enfants prenaient du retard à l'école.

Annie a décidé de parler à chacun de ses enfants pour leur faire part de ses inquiétudes, leur demander comment ils se sentaient et s'informer sur ce dont ils croyaient avoir besoin. Matthieu, cinq ans, a voulu la rassurer en lui disant que tout allait bien. Elle lui a dit : « Je suis heureuse de voir que tu te préoccupes de ce que je ressens et que tu as l'impression que tout va bien.» Samantha, neuf ans, s'est mise à pleurer. Annie a pris sa fille dans ses bras et lui a dit : «Tu as beaucoup de peine. Je sais que c'est une période difficile pour toi.» Ensuite, elle leur a dit : «Je suis fière de vous, parce que vous m'aidez beaucoup. Ça me rend heureuse.»

Ensemble, ils ont mis au point un plan. Ils ont décidé qu'Annie les appellerait du travail à un moment convenu pour leur parler. De plus, ils consacreraient un après-midi ou un avant-midi chaque fin de semaine à une activité familiale. Chacun déciderait à tour de rôle de ce qu'ils feraient pendant cette demi-journée. Ils ont également convenu que chaque enfant aurait un moment privilégié, seul avec sa mère, chaque semaine.

Annie leur a également fait part de ses inquiétudes à propos de l'école et elle a encouragé ses enfants à faire plus d'efforts. «J'ai confiance en vous et j'aimerais qu'on travaille ensemble. J'aimerais qu'on parle de l'école tous les soirs après le souper et je vous aiderai à faire vos devoirs.» Matthieu et Samantha ont accepté de collaborer.

Finalement, elle a proposé aux enfants de les aider à écrire une lettre à leur père dans laquelle ils lui raconteraient ce qu'ils font chaque semaine. Malgré l'angoisse causée par ce sujet, ils étaient contents qu'Annie offre de les aider.

Examinons comment Annie a abordé la question des besoins de ses enfants.

- Elle leur a parlé de ses inquiétudes.
- Elle a reconnu ce qu'ils ressentaient.
- Elle a reconnu ce qu'elle ressentait.
- Elle a fait du renforcement positif en leur mentionnant ce qu'elle appréciait d'eux. Elle leur a ensuite dit ce qu'elle pensait qu'ils devraient faire ensemble pour améliorer les choses afin de s'assurer de leur coopération.
- Elle s'est également rendu compte que la meilleure approche consistait à examiner l'environnement dans son ensemble et à structurer des activités pour toute la famille qui favorisaient la constance.

Au lieu de tenter de résoudre les problèmes pour ses enfants, elle les a fait participer à la solution. Elle a également maintenu son rôle de chef de famille en proposant la structure des changements et en amenant les enfants à participer dans le respect. Cela renforce la sécurité et la coopération qui sont essentielles dans une famille monoparentale.

Annie est un bon modèle, car elle a traité ses enfants avec respect et elle les a mis à contribution dans ses efforts pour répondre à leurs besoins et aux siens.

5

Prendre soin de vous

Il est facile d'oublier vos besoins, pourtant vous êtes très important. En tant que seul parent, votre famille dépend de votre leadership, de votre organisation et de vos habiletés d'adaptation. C'est précisément parce que vous consacrez tant d'efforts et de temps à répondre aux besoins de vos enfants que vous pouvez en manquer pour vous. Ou alors si vous prenez du temps pour vous ou vous faites un cadeau, vous vous sentez parfois coupable ou égoïste.

Si c'est le cas, vous avez besoin d'évaluer vos besoins, en vous rappelant que vous êtes aussi important que tous les autres membres de votre famille. Si vos besoins sont satisfaits, vous aurez beaucoup plus d'énergie et de force pour être le parent que vous souhaitez être.

Quand vous évaluez vos objectifs, rappelez-vous qu'ils peuvent changer avec le temps. Plusieurs parents trouvent beaucoup de satisfaction et d'épanouissement à prendre soin de leurs enfants quand ils sont petits. Cependant, à mesure qu'ils grandissent, leurs besoins changent : ils doivent développer de bonnes relations avec leurs amis ainsi que leur indépendance et leur autonomie. Pendant cette période, vous aurez avantage à trouver des moyens pour répondre à vos besoins en dehors de votre relation avec eux. Au lieu de vous sentir coupable quand vous faites des choses qui vous plaisent ou que vous prenez du temps pour vous, rappelez-vous que vous faites ce qui est sain pour vos enfants.

Prenons l'exemple de Jean-François, un père seul qui a consacré tant de temps à prendre soin de ses trois garçons après son divorce qu'il a perdu contact avec la plupart de ses amis. Comme le reste de sa famille habitait à une journée de voiture, ses seules relations avec des adultes étaient avec ses collègues, qu'ils voyaient rarement en dehors du travail. Même si Jean-François adorait ses enfants, il commençait à nourrir du ressentiment face à toutes ses responsabilités à la maison. Il s'est rendu compte qu'il avait besoin de temps pour lui. Il a appelé un de ses vieux amis pour aller prendre un verre. Il appréhendait de faire garder ses enfants, mais ce problème s'est vite résolu. Il a appelé un parent qu'il connaissait qui lui a donné le nom d'un adolescent qui faisait de la garde d'enfants depuis plusieurs années.

Jean-François et son ami ont tellement apprécié leur soirée qu'ils ont décidé de se revoir une ou deux fois par mois pour jouer au basket-ball et aller manger ensemble. Finalement, ils sont devenus membres d'une ligue de basket-ball. Après les parties, ils sortaient avec l'équipe. En fait, l'un des joueurs a même présenté sa sœur à Jean-François. Ils se sont bien entendus. Jean-François ne sortait plus seulement pour le basket, il allait au cinéma et au restaurant avec sa nouvelle amie. À sa grande surprise, ses enfants semblaient moins irritables et plus coopératifs à la maison... Une chose à laquelle il ne s'attendait pas du tout.

Recommandations pour mieux répondre à vos besoins

- Entretenez de bonnes relations.
- Trouvez une activité qui vous plaît et pratiquez-la régulièrement.
- Avec vos enfants, organisez un horaire pour que tout le monde ait du temps seul.
- Recherchez les activités où les enfants peuvent être avec d'autres enfants ; tandis que les adultes restent ensemble. Les organismes religieux et les groupes de parents organisent régulièrement de telles activités.
- S'adonner à un passe-temps peut apporter beaucoup de satisfaction.

Prenez vos besoins au sérieux. Au lieu de simplement vous contenter, trouvez des moyens pour rehausser votre plaisir et votre satisfaction. Rappelez-vous que vous n'avez pas à vous sacrifier pour vos enfants. Plus vous intégrerez la satisfaction de vos besoins à la satisfaction des besoins de vos enfants, plus votre famille en retirera des bénéfices.

6

Apprendre à jongler

Les parents seuls ont beaucoup de responsabilités. En définitive, tout est à leur charge. Même si vous avez la chance de pouvoir compter sur des amis et sur votre famille pour vous aider, personne ne peut vous décharger de vos responsabilités primordiales envers vos enfants. Peu importe la qualité de votre planification pour répondre aux besoins de tous, il y aura toujours quelque chose d'inattendu pour la bouleverser.

On conseille souvent d'équilibrer les responsabilités, mais en réalité, on ne peut atteindre un équilibre réel. À l'évidence, certaines responsabilités sont toujours plus importantes que d'autres. Par exemple, assurer le bien-être de vos enfants et conserver un bon emploi arrivent certainement en tête de liste, tandis que d'autres priorités changent quotidiennement. Il est fort probable que c'est l'inattendu qui devient votre priorité numéro un.

Pour conserver une perspective saine sur ce que vous devez accomplir, voici quelques propositions.

- Admettez que vous ne pouvez pas tout faire.
- Établissez l'ordre de priorité de vos tâches du mieux possible.

❖ Apprenez à gérer votre temps plus efficacement.

Sandra a récemment découvert cette façon de voir. Elle a lu quelque part que 20 % de ce que nous faisons produit 80 % de bénéfices. Elle a décidé d'établir une liste de ses activités quotidiennes en ordre de priorité. Les tâches les plus importantes obtenaient le numéro « 1 », tandis que les moins importantes se retrouvaient au numéro « 10 ». Ensuite, pour une période d'une semaine, elle a décidé de faire chaque jour les activités numérotées « 1 » ou « 2 » et de faire autant des autres qu'il était possible selon le temps qu'il lui restait. En revoyant sa semaine, elle s'est sentie heureuse de ce qu'elle avait accompli. Elle s'est aussi rendu compte qu'elle ne regrettait pas les activités qu'elle n'avait pas eu le temps de faire. Elle a pris l'habitude de planifier ses semaines de cette façon.

Vous pouvez évaluer votre gestion du temps en consignant les activités que vous faites chaque jour pendant une semaine. À la fin de la semaine, notez chaque activité de la liste selon leur priorité : 1. activités nécessaires ; 2. activités facultatives ; 3. activités qui ne sont pas indispensables. Ensuite, établissez un horaire quotidien pour la semaine à venir, en y inscrivant les activités nécessaires avant les activités facultatives (rappelez-vous d'inclure du temps pour le plaisir et la détente). Après une semaine, évaluez votre succès dans la gestion de vos responsabilités.

Éléments clés à retenir

- La planification des activités chaque semaine fait gagner du temps.
- Planifiez vos activités prioritaires dans les périodes de la journée où vous avez le plus d'énergie et de motivation.
- Apprenez à dire « non » quand c'est opportun ; vous pourrez accomplir beaucoup plus de choses que vous ne le croyez.
- Prenez des pauses régulièrement dans la journée et planifiez des moments de détente ; votre niveau d'énergie augmentera.
- Variez les activités prévues pour rester motivé. Allez marcher après avoir fait la lessive de la semaine, par exemple.
- Gardez vos priorités à l'esprit, surtout quand un événement inattendu survient.

En établissant vos priorités et en sachant quand dire non, vous accomplirez plus de choses et vous aurez plus de plaisir à le faire, seul ou avec vos enfants.

7

Déléguer des tâches : vous ne pouvez pas tout faire

À mesure que vos responsabilités à la maison et au travail s'accumulent, il est facile d'avoir l'impression de tout avoir sur les épaules. Cela devient de plus en plus difficile de déléguer la moindre tâche. Un cercle vicieux s'installe : vous croyez devoir tout faire vous-même parce que vous ne faites confiance à personne. Puis, vous en faites de moins en moins, ce qui vous donne l'impression d'en avoir encore plus à faire… et que *vous seul* pouvez le faire.

Apprendre à lâcher priser et à accepter que vous ne pouvez tout faire vous aidera à accomplir beaucoup plus de choses, comme l'a découvert Thomas. Il avait de la difficulté à lâcher prise. Ses enfants étaient tellement importants pour lui qu'il croyait être le seul à pouvoir s'en occuper. À part son emploi, il se consacrait entièrement à ses enfants. Et comme il était consciencieux, tout le monde comptait sur lui. Il s'occupait même des enfants de ses amis, parce qu'il considérait que c'était bénéfique pour ses enfants.

Son niveau d'énergie baissait ; il se sentait déprimé. Il faisait des promesses à ses enfants qu'il ne pouvait pas tenir. Déçu et fâché contre lui-même, il devenait plus irritable et plus critique envers ses enfants. Un jour, après une dispute, sa plus jeune fille a crié : «Tu es toujours en colère contre nous ! »

Il faut dire à sa décharge que Thomas a vu tout de suite qu'elle avait raison et il s'est juré de changer. Sa première stratégie a été de se rappeler qu'il était impossible de tout faire. Chaque jour, il écrivait dans son agenda : «Je ne peux pas tout faire.» À la fin de la journée, il se demandait : « Qu'est-ce que je peux laisser tomber demain ? » Il s'obligeait à laisser tomber au moins une chose. Il s'est abstenu d'apporter du travail à la maison un soir par semaine. Avec les parents des amis de ses enfants, il a organisé un système de covoiturage pour les activités afin de ne plus être le seul conducteur. Il a demandé à des membres de sa famille de prendre soin des enfants pour une fin de semaine, à l'occasion, de manière à avoir du temps pour lui. Comme il a lâché prise graduellement et de manière responsable, il ne s'est pas senti coupable. À sa grande surprise, il s'est rendu compte que ses enfants devenaient de plus en plus indépendants et responsables.

Ils aidaient plus souvent à la maison, souvent sans même qu'on leur demande. En conséquence, Thomas et ses enfants s'appréciaient davantage.

Stratégies pour vous aider à lâcher prise

- Rappelez-vous chaque jour que vous ne pouvez pas tout faire et que ce n'est pas le stress qui vous déprime, mais la détresse.

- Prenez une pause de quinze minutes à une demi-heure une fois (ou encore mieux, deux fois) par jour pour faire un exercice de relaxation, comme la méditation, l'autorelaxation progressive, l'imagerie mentale dirigée, le yoga ou des techniques de respiration. Choisissez l'activité qui vous convient le mieux.
- Repérez les moments où votre détresse est la plus grande et essayez d'éliminer ou de modifier ces situations. À titre d'exemple, vous pouvez ressentir de la détresse à l'idée de préparer le repas tous les soirs. Comme vous ne pouvez pas éliminer cette tâche, il vous faut trouver une solution imaginative. Vous pourriez cuisiner tous les deux jours et opter pour des mets à emporter les autres soirs.
- Définissez les tâches importantes et accomplissez-les en premier.
- Réservez-vous une période de plaisir chaque semaine. Même un court moment peut vous faire du bien s'il revient régulièrement.

Le lâcher prise est une habileté importante à acquérir. Si vous vous exercez régulièrement, vous serez surpris de voir à quel point cette stratégie devient plus facile.

8

Prendre des décisions : une affaire de famille

Quand on accepte qu'on ne peut pas tout faire, on se rend compte à quel point la prise de décision en commun peut se révéler bénéfique. On découvre souvent qu'on est entouré de personnes prêtes à nous aider.

La prise de décision avec vos enfants est particulièrement gratifiante, parce qu'en plus d'alléger votre fardeau, vous leur enseignez la responsabilité. Si vous avez de bons rapports avec l'autre parent de vos enfants (un sujet abordé dans un chapitre ultérieur), la prise de décision en commun sur les principaux aspects de la vie de vos enfants, comme l'école, la discipline et les activités, sécurisera les enfants. Prendre des décisions en collaboration avec ceux qui prennent soin de vos enfants en votre absence – gardiens, éducateurs ou membres de votre famille – facilite les transitions et stabilise la qualité des soins que reçoivent vos enfants.

Plus vous prendrez de décisions avec vos enfants, plus votre famille fonctionnera bien et plus ses membres seront heureux. Quand on inclut les enfants dans la prise de décisions familiales, ils ne se sentent pas exclus du processus. Quand on y pense, si quelqu'un nous dit de faire quelque chose, on se met sur la défensive, parce qu'on a l'impression d'être contrôlé. Si la même personne nous dit : « Je crois que ce serait la meilleure solution aux problèmes, qu'en penses-tu ? » On se sent alors comme faisant partie prenante du résultat éventuel. Quand on fait ainsi appel aux enfants, ils se sentent reconnus et respectés. De plus, cette attitude positive se répercute sur les autres aspects de votre relation avec eux.

Par exemple, quand Lucie veut prendre une décision, elle s'adresse à ses enfants ainsi : « Je ne suis pas satisfaite de la façon dont se passe l'heure du coucher. Je me rends compte que nous ne nous sommes pas mis d'accord sur l'horaire et les règles du coucher. J'aimerais avoir votre opinion pour que nous puissions prendre une décision ensemble. »

En abordant le problème de cette façon, Lucie assume ses sentiments. (Elle le fait en disant à ses enfants : « Je ne suis pas satisfaite… » et « J'aimerais… ») Elle confie à ses enfants ce qui l'a amenée à leur parler – elle veut connaître leur opinion et prendre une décision en commun. Cette divulgation constitue la première étape.

Elle est prête à affirmer sa position de chef de famille. « Je pense qu'on pourrait commencer le rituel du coucher à dix-neuf heures en éteignant la télévision. Selon moi, Benoît, qui est plus vieux, pourrait se coucher à vingt heures trente et Jeanne à vingt heures. Qu'en pensez-vous ? » Quand ses enfants répondent, elle considère réellement leurs idées. Benoît dit que dix-neuf heures, c'est trop tôt, parce que son émission favorite se termine à vingt heures. Lucie demande à Jeanne ce qu'elle en pense ; elle est d'accord avec son frère. Lucie leur dit : « Je comprends, mais ce qui m'inquiète, c'est que vous vous coucherez tous les deux trop tard. » Ils commencent ici à collaborer. Finalement, ils se mettront d'accord pour éteindre la télévision à vingt heures et se coucher respectivement à vingt heures quinze et vingt heures quarante-cinq. Ils acceptent également l'idée de Lucie de mettre leur pyjama avant le début de leur émission. Par cette prise de décision en commun, la probabilité de succès est beaucoup plus élevée que si Lucie avait établi elle-même le nouveau rituel du coucher.

Il est vital de respecter toutes les personnes qui participent à la prise de décision. Écoutez-les. Reconnaissez leurs sentiments. Et n'oubliez pas de préciser ce qui est important pour vous en exprimant vos sentiments (« mais ce qui m'inquiète, c'est que vous vous coucherez tous les deux trop tard »).

9

Constituer un réseau de soutien

Tous les parents ont besoin d'un réseau de soutien, et pour les parents seuls, c'est particulièrement important. Les réseaux ne sont pas seulement un antidote à la solitude que vivent plusieurs parents seuls, c'est également un moyen de survie. Quand on peut compter sur un réseau de soutien, c'est plus facile de demander de l'aide, parce que la structure est déjà en place. Et on se sent moins inapte ou coupable de demander de l'aide quand on sait que le soutien est réciproque. Le simple fait de savoir que vous pouvez vous fier au réseau de soutien que vous avez constitué augmentera votre confiance en vous et en ce que vous pouvez accomplir.

On ne se rend pas toujours compte que les réseaux ont constamment besoin d'être nourris et reconstruits. Les réseaux les plus résistants sont ceux composés d'une diversité de ressources. De cette façon, ils ne dépendent pas excessivement d'un membre en particulier.

Parfois, le premier pas pour constituer un tel réseau peut être ardu, comme Catherine s'en est aperçue. Elle était malheureuse, parce que toute son énergie était consacrée à sa fille, à la maison et à son emploi et elle n'en avait plus pour elle. Louise, une collègue de travail, chef de famille monoparentale comme elle, a remarqué la tristesse de Catherine et l'a invitée à se joindre à un groupe de soutien pour parents seuls. Catherine était réticente. Elle était anxieuse et ne savait pas si elle allait trouver quelqu'un pour garder sa fille. Heureusement, la fille adolescente de Louise a offert de la garder, et Catherine a découvert qu'elle adorait le groupe. Elle était soulagée de constater qu'elle n'était pas seule, que d'autres parents se sentaient exactement comme elle ! Elle a également rencontré des personnes intéressantes qu'elle désirait mieux connaître. À partir de ce modeste début, Catherine a pu se constituer un réseau de soutien sur lequel elle compte de plus en plus.

Étapes pour la constitution d'un réseau de soutien

1. D'abord, évaluez votre réseau actuel. Dressez une liste de toutes les personnes qui font partie de votre vie actuelle et passée. Inscrivez également ceux que vous n'avez pas vus depuis quelque temps et ceux avec qui la relation n'est pas très bien définie.

2. Distinguez ceux qui font partie de votre réseau de soutien actuel de ceux qui ne le sont pas. Parmi ceux qui ne le sont pas, repérez ceux que vous pourriez inclure éventuellement.

3. Divisez votre liste pour répondre aux catégories suivantes : qui est le plus disponible, qui aimeriez-vous voir plus disponible, qui est le plus près de vous sur le plan affectif et qui viendrait vous aider à la rigueur. Vous pouvez songer à d'autres catégories.

4. Divisez votre liste en catégories fonctionnelles de soutien : sur qui pouvez-vous compter pour le soutien affectif, le soin des enfants, le transport, l'aide économique, les relations sociales, les conseils spirituels ? Les familles où il y a des enfants du même âge que les vôtres fournissent un réseau social pour vous tous.

5. Finalement, réfléchissez à ceux que vous avez délaissés et demandez-vous si cela vaut la peine de renforcer ces relations pour inclure ces personnes dans votre réseau.

6. Une fois la liste complétée, révisez-la régulièrement pour y apporter les changements nécessaires. Elle vous sera très utile lorsque vous aurez besoin d'aide.

Vous pouvez trouver du soutien auprès de votre église, de votre synagogue ou de votre mosquée ; dans des groupes d'entraide, des sites Web ou des forums de discussion sur Internet ; à l'école de vos enfants, par le service d'aiguillage du gouvernement ou encore auprès d'un thérapeute qui travaille auprès des familles monoparentales.

Une fois l'idée ancrée, vous trouverez beaucoup de soutien autour de vous. Rappelez-vous que le soutien est un processus mutuel. Vous puiserez des forces en aidant les autres et vice versa.

10

Amener l'autre parent à participer

Si vous êtes devenu parent seul à la suite d'un divorce, vous savez que même si vous avez perdu votre conjoint, vos enfants n'ont pas perdu leur parent. Peu importe la profondeur de votre douleur ou de votre colère, vous avez à transiger avec votre ex-conjoint ou ex-conjointe. Cette collaboration durera tant que vous aurez des enfants en commun.

Le divorce décompose votre ancienne famille en trois nouvelles : la vôtre, celle que vos enfants partagent avec l'autre parent et celle qu'ils partagent avec vous et l'autre parent (la « famille divorcée »). Plus vous et votre ex-conjoint ou ex-conjointe arriverez à travailler ensemble pour vos enfants afin que les trois familles fonctionnent bien, plus ils se sentiront bien.

Recommandations pour mieux coopérer

- **Il ou elle aime les enfants aussi.** Votre ex-conjoint ou ex-conjointe aime vos enfants et désire leur bien-être autant que vous. Cette pensée vous aidera à passer à travers plusieurs des désaccords qui peuvent survenir. Vous aurez probablement des opinions divergentes sur de nombreux sujets, mais en vous rappelant que les intentions de l'autre parent sont motivées par l'amour, comme les vôtres, une relation de coopération pourra s'établir.

- **Les enfants éprouvent de la loyauté pour leurs deux parents.** Ils peuvent ne pas vouloir parler de leurs sentiments envers l'autre parent, mais ils voudront toujours que vous souteniez leur relation avec lui ou elle. Si vous dénigrez l'autre parent, vos enfants seront angoissés et déchirés. Quand les enfants vous parlent de leur relation avec l'autre parent, écoutez-les avec sympathie, mais faites-leur comprendre qu'ils sont responsables de leur relation avec l'autre parent, pas vous.

- **Soyez constant au sujet des règles.** Quand vous collaborez à implanter des règles avec votre ex-conjoint ou ex-conjointe, ce sont les enfants qui en sortent gagnants. Établissez des règles et des attentes similaires dans les deux maisons ; cela diminue l'angoisse des enfants qui ont moins d'ajustements à faire. Si vous ne pouvez pas collaborer sur ce plan, assurez-vous que les règles sont claires pour tous dans chacune des maisons et respectez l'autorité de l'autre parent quand l'enfant est avec lui ou elle.

- **Soyez patient pendant les transitions,** car elles s'avèrent particulièrement stressantes. Aller d'une maison à une autre ébranle les enfants sur le plan affectif : certains se replient sur eux-mêmes, d'autres deviennent plus exigeants. Il est important de vous montrer patient pendant ces périodes. Dites-vous que c'est leur façon de réagir au stress. Vous pouvez faciliter les transitions en établissant des routines. Que ce soit une petite récompense au moment du retour ou une heure de temps libre avant de reprendre le train-train quotidien de la maisonnée, ces activités régulières favorisent les transitions.

- **ESSAYEZ DE FAIRE ÉQUIPE.** Les enfants aiment voir leurs deux parents s'occuper d'eux. Ils apprécient l'attention qu'on leur porte comme de savoir que leurs deux parents les protègent. Quand les deux parents se tiennent au courant des progrès scolaires, assistent aux spectacles à l'école ou aux matchs sportifs et supervisent les activités parascolaires, les enfants se sentent plus en sécurité et sont plus épanouis. Tentez d'organiser les activités de vos enfants avec l'autre parent pour qu'ils s'intègrent à l'horaire de tous. Si ce n'est pas possible, vous aurez peut-être à y aller chacun votre tour. Si vous êtes assidu, les enfants s'adapteront.

Ces suggestions vous aideront à combler le fossé entre les familles auxquelles vos enfants appartiennent. Le respect de la participation et des inquiétudes de l'autre parent améliore la vie de tous.

11

Instaurer des rituels et des traditions

Les traditions, qui se perpétuent généralement de génération en génération, diffèrent des routines en ce qu'elles éveillent en nous un sentiment de continuité qui englobe le passé et anticipe l'avenir. Les traditions nous rapprochent, même si on est physiquement éloignés. Par exemple, si vos enfants ne sont pas avec vous le jour de la Saint-Valentin, vous pouvez les appeler ou leur envoyer une carte pour leur témoigner votre amour. Les traditions créent également des occasions pour des rassemblements de la famille élargie qui renforcent votre sentiment d'être en sécurité et soutenu.

Si votre famille vit un grand bouleversement, l'instauration de routines, de traditions et de rituels nouveaux est particulièrement importante pour maintenir un sentiment de cohésion et de stabilité. Pour créer des routines et des rituels dans votre nouvelle famille monoparentale, commencez par vous inspirer de ceux de votre famille élargie : s'ils ont fonctionné dans le passé, ils fonctionneront probablement encore. Vos enfants apprécieront cette continuité et ils auront l'impression d'avoir une meilleure maîtrise de leur vie.

Quand vous collaborez avec vos enfants pour le maintien des routines et des traditions, cela diminue les occasions de conflit. Le quotidien se déroule aussi plus harmonieusement. Il peut être utile d'être en contact avec l'autre parent des enfants pour que les fêtes et les événements importants soient organisés conjointement, afin que vos enfants puissent s'en réjouir à l'avance. Vos enfants auront un plus grand sentiment de sécurité et ils se rappelleront ces moments avec bonheur.

Après sa séparation, Bernard devait aller chercher les enfants à la garderie, les ramener à la maison et préparer le repas. Avant, il jouait avec eux pendant que sa femme préparait le souper. Il a tenté de compenser la perte de cette activité en prenant le temps de lire des histoires à ses enfants avant de les coucher. Au début, ses enfants s'ennuyaient de cette période de jeu, mais ils se sont rapidement mis à attendre avec impatience ce nouveau moment privilégié avec leur père.

Bernard a également pris en considération toutes les routines que ses enfants appréciaient avant la séparation. Il en a parlé avec eux pour déterminer lesquelles ils conserveraient – comme la participation aux activités de leur église – et lesquelles ils devraient changer. Ils ont également convenu de célébrer les fêtes importantes tous les trois ensemble, puisque c'était ce que ses enfants souhaitaient. Après une période d'essais et d'erreurs, Bernard et ses enfants ont trouvé le rythme qui convenait à leur nouvelle vie.

Matière à réflexion

- L'événement le plus banal peut devenir une occasion spéciale : la pizza du vendredi soir, le pain doré du dimanche, la promenade du samedi matin pour aller chercher le journal.
- Conservez le plus possible les anciennes routines familiales.
- Si vous devez faire des changements, demandez l'opinion de vos enfants.
- Soyez réaliste quant aux routines que vous pouvez garder, modifier ou abandonner.
- Maintenez un bon équilibre. Partagez certains rituels avec d'autres (votre famille élargie, les familles d'autres parents seuls, par exemple), mais réservez-en certains uniquement pour vous et vos enfants.
- Portez une attention spéciale aux vacances. Comme ce sont des périodes de grandes émotions, vous devez tenter de satisfaire tout le monde.

Les fêtes, les routines et les rituels que nous observons sont l'héritage que nous léguons à nos enfants.

12

Apprendre à gérer votre stress

Le stress est un élément inévitable de la vie. On a tendance à le voir sous un jour négatif, mais sans un certain niveau de stress, on ne serait pas stimulé ou motivé à agir. Le stress est une réaction du corps à tout changement de son équilibre. Il a une composante physiologique et une composante psychologique. Physiquement, votre corps sécrète des substances chimiques pour vous préparer à affronter tout ce qui peut survenir ; c'est ce qu'on appelle « l'énergie d'adaptation ».

Toutefois, quand vous vous laissez submerger par le stress, votre corps et votre esprit s'adaptent moins bien. Le danger, par conséquent, se trouve dans une réaction exagérée au stress. Avec tout ce que vous devez penser et faire, c'est une réaction qui n'est pas surprenante. C'est pourquoi la gestion de votre stress est si importante. La sécurité et la stabilité de votre famille dépendent de votre force, de votre adaptabilité et de votre résilience.

La première étape consiste à évaluer la façon dont vous réagissez au stress actuellement.

En répondant aux questions qui suivent, vous pourrez évaluer votre niveau de réaction au stress.

- Êtes-vous facilement frustré et prompt à réagir ?
- Êtes-vous plus impatient que vous l'étiez il y a quelques années ?
- Est-ce que les changements d'horaire vous accablent ?
- Avez-vous l'impression de ne jamais pouvoir relaxer ?
- Trouvez-vous que vos enfants et vos collègues réagissent plus souvent de manière défensive à votre égard ?
- Êtes-vous préoccupé par vos habitudes alimentaires ou avez-vous des problèmes de sommeil ?

Si vous avez répondu « oui » à plusieurs de ces questions, il est probable que vous soyez trop stressé. Il est donc primordial que vous trouviez un moyen efficace pour gérer votre stress.

Avant de trouver un moyen précis, essayez d'adopter une attitude positive ; même si vous vous sentez stressé. Une telle attitude élargit l'éventail de possibilités et de solutions.

Il existe de nombreuses techniques de gestion du stress, et il vaut mieux en choisir une qui correspond à votre style de vie et à votre tempérament. En voici quelques exemples.

- Faire de l'exercice régulièrement et avec vigueur.
- Bien manger pour être en bonne santé.

- Apprendre des techniques de méditation et de relaxation.
- Rester souple quand il y a du changement.
- Connaître ses forces et ses faiblesses, et demander de l'aide quand c'est nécessaire.
- Faire appel à des stratégies de gestion du temps.
- Consacrer du temps au plaisir.

Chantale a découvert les groupes d'entraide après son divorce. Dans l'un de ces groupes, on lui a remis une cassette d'autorelaxation progressive qui la guidait pour contracter et détendre chaque groupe musculaire. Cette technique réduit les tensions dans le corps. Chantale a écouté cette cassette tous les soirs pendant un mois et elle a été très heureuse de constater à quel point elle était plus détendue. Cela l'a également aidée à se concentrer sur ce qui était vraiment important à ses yeux. Cette cassette est devenue un élément de base de son programme de gestion du stress.

Chantale a également découvert qu'en planifiant son temps, ses tâches l'angoissaient moins. En gérant mieux son horaire, elle a trouvé plus de temps pour elle. En voyant à quel point c'était positif, elle a aidé ses enfants à planifier du temps pour eux ainsi que des moments pour être seuls avec elle. En aménageant mieux son horaire, Chantale a réussi à consacrer plus de temps à sa famille et à elle-même, ce qui a fait diminuer son niveau d'anxiété.

Les ressources pour vous aider dans ce domaine sont innombrables, que ce soit à la bibliothèque, auprès de groupes de parents ou sur le Web. Une meilleure gestion de votre stress aidera vos enfants et votre vie de famille à bien des égards.

Une fois que vous aurez diminué votre niveau de stress, soyez proactif. Maintenez votre stress à un niveau raisonnable pour éviter le retour de situations de crise.

PARTIE 2

La parole et l'écoute

13

Manifester du respect

Le respect est le noyau de toute relation affective qui compte et de toute conversation importante. Respecter une personne, c'est l'apprécier sincèrement dans votre vie. On apprend à respecter les autres quand on se sent respecté. C'est comme une roue qui tourne : le respect se développe quand on est respecté. Dans une relation empreinte de respect, chacun se sent ouvert à l'influence de l'autre.

On peut faire preuve de respect de manière subtile – même non verbale – au cours de n'importe quelle conversation importante. Pensez à la façon dont vous accueillez votre fille qui revient de l'école. À force d'expérience, vous savez qu'elle sera fatiguée et qu'elle aura envie d'une collation. Si la première chose que vous lui dites est : « Comment s'est passée ta journée ? » vous faites passer votre besoin d'information en premier et vous ne respectez pas ses besoins physiques et affectifs, qui sont d'être tranquille et de manger. Vous manifesterez plus de respect en lui disant : « Je suis content de te voir. Voici du lait et des biscuits. » De cette façon, elle se sentira reconnue et appréciée, ce qui la rendra plus réceptive à vos efforts.

Manifester du respect signifie également avoir des attentes envers les autres et avoir confiance en leur capacité à y répondre. Comme Mario se sent coupable des effets qu'a son divorce sur ses enfants, il a tendance à réduire ses attentes. À titre d'exemple, s'il revient du travail et que les tâches qu'il leur avait demandé de faire ne sont pas faites, il se fâche, et il finit par les faire lui-même. François, au contraire, respecte le fait que les enfants peuvent être responsables de certaines tâches pour donner un coup de main. Quand ils ne les font pas, il prend le temps de leur rappeler l'importance de leurs tâches. Il a également instauré un système de récompenses et de conséquences pour aider ses enfants à devenir plus responsables. De plus, François leur rend la pareille en s'assurant de combler leurs attentes par rapport à son rôle de père. Bien entendu, il faut être réaliste.

Discuter des attentes d'une manière qui exprime le respect est essentiel à la qualité de la relation. En disant: « C'est important pour moi que tu fasses tes devoirs », on témoigne du respect. En disant: « Tu ferais mieux de faire tes devoirs », on formule une demande.

Rappelez-vous que même si vous êtes fâché contre vos enfants, leurs sentiments sont aussi importants (à leurs yeux) que les vôtres (à vos yeux).

Prenez-vous ces moyens pour manifester votre respect?

❖ Je tiens compte du point de vue de l'autre.

- J'essaie de comprendre le point de vue de l'autre.
- Je tente de parler de mon point de vue et de mon opinion plutôt que de penser que l'autre « a tort ».
- J'exprime mes sentiments quand je parle aux autres.
- Je ne critique pas les autres quand je leur parle.
- J'essaie de me concentrer sur les éléments positifs quand je parle.

Après chaque conversation importante, repassez-la dans votre tête. Rappelez-vous des paroles qui ont aidé votre interlocuteur à se sentir respecté et à celles de cette personne qui exprimait le respect. Observez comment ce respect vous a fait du bien. Si vous ne pouvez pas vous rappeler de telles paroles, pensez à ce que chacun de vous auriez pu dire pour exprimer votre respect. Vous pouvez prendre en note vos réflexions dans un cahier. Ainsi, vous aurez la possibilité de les relire à la fin de la journée ou de la semaine.

Les attentes qu'on a envers les autres ainsi que la satisfaction de ces dernières expriment le respect. En étant respectueux, on bâtit des relations empreintes de confiance, d'affection, de sécurité et d'intimité.

14

Prendre le temps de parler

La parole semble souvent aller de soi dans la vie familiale. On présume qu'on se parle tout le temps. Mais quand on y pense un peu, la majeure partie de ce qu'on qualifie de conversation ne constitue pas un échange sérieux d'idées.

Souvent, on communique parce qu'on désire quelque chose d'une personne ou qu'on est fâché, anxieux ou bouleversé. Quand on est dans cet état d'esprit, ce que l'on dit sonne la plupart du temps comme une menace ou une demande.

À la vitesse de la vie contemporaine, on a aussi tendance à parler de manière précipitée. Quand cela se produit, il y a fort à parier que l'interlocuteur ne nous accorde pas toute son attention, parce qu'il est préoccupé par ses propres besoins. Dans ces situations, on reçoit une réponse expéditive qui nous donne l'impression d'être ignorés et sans valeur.

Ce qui est pire, toutefois, c'est de ne pas parler du tout et de tout garder à l'intérieur. Ce silence érige des murs entre les gens. Au fil du temps, à mesure que les murs s'épaississent et se solidifient, c'est l'intimité qui en souffre. Par exemple, quand mes enfants étaient petits, j'avais deux emplois et je poursuivais mes études. Je venais souper à la maison, mais je retournais ensuite au bureau et je ne revenais que lorsqu'ils étaient couchés. Un soir, je suis revenu à la maison vers vingt heures et l'un de mes fils qui faisait ses devoirs m'a dit: « Qu'est-ce que tu fais ici, papa ? »

Après ce rappel brutal, j'ai consacré une soirée par semaine à ma famille et les matinées du samedi à mes trois garçons. Nous faisions des activités tous les quatre, et je réservais du temps pour être seul avec chacun d'eux. Tout le monde en est sorti gagnant.

Cette expérience m'a appris qu'on ne peut pas seulement attendre de trouver du temps pour se parler de manière satisfaisante. Il faut prendre le temps.

Idées pour passer du temps en famille

- Convoquez un conseil de famille pour discuter des conversations familiales. Demandez à chaque membre de la famille d'écrire à l'avance le temps qu'il s'engage à consacrer à la conversation pour le mois. (Si vous avez de jeunes enfants, demandez-leur de vive voix et écrivez leurs réponses.) Achetez ou faites un grand calendrier que vous apporterez à la réunion.
- Demandez à quelqu'un d'agir comme secrétaire. Cette personne réunira les horaires de tous pour les intégrer dans le grand calendrier.

- Rencontrez-vous au moment convenu pour parler de l'importance de passer du temps en famille. Assurez-vous de réserver du temps pour que toute la famille soit ensemble et du temps seul avec chacun de vos enfants.
- Inscrivez ces périodes sur le grand calendrier et affichez-le en évidence dans une pièce utilisée par tous.

Il peut arriver qu'un événement imprévu empêche des membres de la famille d'être présents. Dans ces situations, prévoyez des périodes de remplacement. Il est également important de discuter en famille des solutions pour remplacer les périodes que vous ne pouvez pas reporter.

En étant conscients de l'importance des conversations significatives – c'est-à-dire de prendre le temps d'écouter et de se parler quand un sujet important doit être abordé –, tous les membres de la famille se sentiront plus appréciés et plus respectés, ce qui favorisera la cohésion.

15

Tenir compte des sentiments

Les sentiments influencent nos gestes et nos pensées. Fréquemment, et surtout avec nos proches, on veut parler principalement de ce que l'on ressent – et non de détails précis – et de ce que notre interlocuteur ressent. Parfois, on éprouve des sentiments qu'on ne s'avoue pas ou dont on ne tient pas compte. Néanmoins, ces sentiments sont toujours là, même si c'est à notre insu. Ils nous définissent en tant qu'être humain et nous permettent de goûter à la vie.

Pourtant, bien des gens ont de la difficulté à parler de leurs sentiments. Ils chargent les sentiments d'une connotation négative. Ils craignent de devenir « trop émotifs » et de paraître trop vulnérables. Pourtant, quand on accepte honnêtement ses sentiments et qu'on se sent à l'aise de les exprimer, les relations deviennent beaucoup plus profondes. L'être humain vit son plein potentiel quand il partage ses sentiments.

Un autre problème fréquent, c'est la difficulté de trouver les mots justes pour décrire ce qu'on ressent. Sonia, par exemple, dit rarement ce qu'elle pense. Quand quelqu'un lui offre quelque chose, un compliment ou un cadeau, elle dit : « tu n'aurais pas dû », alors qu'elle pense vraiment: « ça me fait plaisir ». Quand elle veut expliquer à ses enfants qu'elle est fâchée, elle dit: « Quelle pagaille ! » au lieu de: « Je suis fâchée que vous ayez fait ça ». Conséquemment, les gens avec qui Sonia parle sont souvent insatisfaits de leurs conversations avec elle.

C'est pour cette raison qu'il faut apprendre à utiliser des « expressions de sentiment » comme « ça me rend triste de... » ou « je me sens bien quand... » dans nos conversations. Quand on s'habitue à utiliser des expressions de sentiment, on devient plus apte à reconnaître et à comprendre notre expérience et celle des autres. En conséquence, on a l'impression d'avoir une meilleure maîtrise de soi et une plus grande perspicacité.

Matière à réflexion

- **QUAND VOUS PARLEZ À UN PROCHE,** comptez combien de fois vous utilisez des expressions de sentiment pendant la conversation. Comptez également à quelle fréquence votre interlocuteur emploie de telles expressions.

- **EXERCEZ-VOUS À RECONNAÎTRE LES SENTIMENTS QUE VOUS ÉPROUVEZ QUAND VOUS PARLEZ.** Commencez par vous demander si vous vous sentez bien ou mal par rapport à ce que vous dites. Ensuite, pensez à d'autres mots que « bien » ou « mal » pour décrire vos sentiments.

- **Exercez-vous à reconnaître les sentiments de l'autre personne.** Comment exprime-t-elle sa joie ou sa tristesse ? Ses sentiments se reflètent-ils dans son visage, dans le ton de sa voix, dans sa posture ou dans les mots qu'elle choisit ?

Ne manquez pas d'exprimer vos sentiments quand vous parlez.

Expérimentez ce jeu lors d'un conseil de famille. Demandez à chacun de trouver une expression de sentiment. Faites-le à tour de rôle jusqu'à ce que personne ne puisse trouver une autre expression de sentiment. Donnez un prix à la personne qui en a trouvé le plus. Écrivez toutes les expressions sur une feuille, faites-en des copies et distribuez-les aux membres de la famille.

Les sentiments sont complexes, et il faut respecter la force qui les anime.

Éléments clés à garder à l'esprit

- Nos sentiments influencent nos paroles et nos gestes.
- Utilisez des expressions de sentiment pour mieux dire ce que vous voulez exprimer et pour faciliter la compréhension de votre interlocuteur.
- Soyez à l'écoute des sentiments des autres pour bien les comprendre.
- En montrant aux gens que vous comprenez leurs sentiments, vous leur faites du bien et vous renforcez leur confiance en vous.

Bien vous connaître

La manière dont on se perçoit influence tout ce que l'on fait dans la vie, y compris le degré de satisfaction et d'épanouissement que l'on ressent. Cela influence également nos relations avec les autres, en particulier avec ceux qui ont de l'importance pour nous.

Bien se connaître facilite également la prise de responsabilité face à nos actions. Plus vous vous connaissez, plus vous pouvez être ouvert, responsable et confiant. De plus, les autres sont mieux à même de vous comprendre et de comprendre vos besoins. La connaissance de soi augmente les chances que vous vous sentiez fier de vous-même et des autres – et plus près d'eux aussi. Vous pouvez demander de l'aide au besoin. La conscience du fait que personne ne peut tout faire ou tout savoir vous permet d'aller vers les autres et de communiquer avec eux pour unir vos forces.

Aider les enfants à mieux se connaître est l'un des objectifs fondamentaux du parent. Toutefois, pour pouvoir aider vos enfants à cet égard, vous devez bien vous connaître. Pour ce faire, vous devez réfléchir à la façon dont vos sentiments vous affectent et à ce qui est important pour vous. La capacité de reconnaître vos forces et vos faiblesses vous aidera à avoir une vision réaliste de vous-même et à faire des choix qui vous conviennent.

Prenons l'exemple de Philippe qui était contrarié par certains comportements de son ex-femme. Elle ne ramenait jamais les enfants à l'heure, et cela le mettait en colère. Il devait lutter pour contenir ses sentiments négatifs, ce qui amplifiait sa frustration. Pour trouver une solution à son problème, il a tenté d'évaluer honnêtement ses sentiments. Il a vu à quel point les sentiments de ses enfants lui tenaient à cœur. Leur besoin de voir leur mère devait passer avant sa frustration. Cela l'a aidé à surmonter cette difficulté.

Apprendre à reconnaître ses motivations profondes n'est pas chose facile. Une stratégie efficace pour y parvenir est d'assumer la responsabilité qui vous incombe, c'est-à-dire ne pas blâmer les autres ou les rendre responsables de ce que vous ressentez. Vous devez plutôt comprendre que vous avez du pouvoir sur ce que vous ressentez.

Alors, au lieu de vous mettre en colère et de critiquer votre ex-conjoint, reconnaissez votre sentiment d'humiliation et cherchez des moyens pour vous sentir mieux (voir ci-après).

Une autre stratégie utile consiste à tenir compte de vos sentiments. Plusieurs fois par jour, expérimentez cette technique.

1. Prenez une minute pour vous détendre.

2. Déterminez ce que vous ressentez par rapport à vous-même à cet instant.

3. Servez-vous d'expressions de sentiment pour décrire votre humeur. Commencez par « je me sens bien » ou « je me sens mal ». Ensuite, précisez votre description en vous servant de mots tels que « content », « excité », « frustré », « fâché », « blessé », « préoccupé » ou « inquiet » pour étoffer votre sentiment.

4. Déterminez si vos sentiments sont liés au moment présent ou à un autre aspect de votre vie.

5. Posez-vous cette question : « Ce que je ressens est-il en accord avec mes valeurs et avec la façon dont je me considère ? »

6. Réfléchissez à ce que vous pourriez changer pour que votre réaction soit plus en accord avec vos valeurs et vos sentiments.

7. Récompensez-vous lorsque vous êtes capable d'agir en accord avec vos valeurs et vos sentiments.

8. Exercez-vous à vous affirmer. L'un des moyens pour y arriver est de voir les éléments positifs dans chacun des aspects de votre personnalité. Par exemple, au lieu de vous décrire comme étant impulsif, vous pourriez dire que vous êtes une personne qui aime juger rapidement une situation pour agir. Matin et soir, répétez les phrases qui suivent :

- J'ai de la valeur.
- Je suis important.
- J'ai du pouvoir sur moi.
- Mes sentiments sont importants.
- Je suis aimé.

On ne naît pas avec la connaissance de soi. Pour bien se connaître, il faut s'exercer à l'introspection.

17

Dire ce que vous pensez

Parler aux autres, c'est plus difficile qu'on ne le pense. Bien souvent, on est tellement pressé de faire passer notre message qu'on ne prend pas le temps de penser à ce qu'on veut dire ou de le dire d'une façon qui sera comprise par nos interlocuteurs. À la place, on débite ce qui nous passe par la tête, ce qui est rarement ce qu'on voulait dire. À d'autres moments, on est coupé de ce que l'on veut vraiment dire.

Comme parent seul, il est particulièrement important que vos enfants et vos proches vous comprennent et saisissent ce que vous voulez. S'ils ne comprennent pas, cela augmentera votre niveau de stress et vous rendra la vie plus difficile.

Quand les enfants de Caroline revenaient d'un week-end chez leur père, ils étaient plus turbulents. Frustrée, elle leur disait: «Votre père vous laisse faire tout ce que vous voulez!» Cette remarque blessait ses enfants, mais pire encore, elle remettait en question leurs sentiments envers leur père, parce qu'elle mettait en évidence le conflit entre leurs parents. Caroline a remarqué leur désarroi et leur peine et elle s'est excusée. Elle s'est rendu compte qu'elle voulait dire autre chose: «Je suis très contrariée quand vous revenez à la maison et que c'est si difficile de vous mettre au lit.»

En parlant de cette manière, on découvre ce que nos conversations (et nos relations) impliquent. Toutefois, pour avoir des conversations significatives et satisfaisantes, il faut être vigilant.

Matière à réflexion

- Tentez de comprendre qui vous êtes et d'où vous êtes issu. Demandez-vous : « Qu'est-ce que je ressens ? » et « Pourquoi je veux qu'il ou elle sache cela ? »

- Essayez d'être ouvert, surtout avec ceux dont vous avez la charge. L'ouverture favorise la confiance. Quand les gens n'arrivent pas à être directs, la conversation se rompt. Pour avoir des conservations franches, demandez-vous : « Suis-je à l'aise de lui dire cela ? » et « Comment puis-je dire ce que je veux dire de manière à ce qu'il ou elle comprenne et ne regrette pas l'avoir entendu ? »

- Essayez d'être subjectif. C'est plus facile de croire que les problèmes sont de la faute de l'autre que de la nôtre. Mais quand on pense comme cela, on perd le pouvoir de changer la situation. Rappelez-vous qu'on voit toujours les choses de notre point de vue et qu'on ne connaît réellement que nos sentiments. Alors, quand on veut dire quelque chose, la subjectivité est cruciale. C'est-à-dire qu'il faut être conscient que votre vérité n'est pas la seule vérité. Parlez de ce qui est véritablement important à vos yeux. Acceptez et respectez le fait que votre interlocuteur puisse avoir un point de vue différent.

- Essayez de garder les éléments positifs de la relation à l'esprit. Plus une personne nous est chère, plus on veut qu'elle nous comprenne. Il est donc primordial de rappeler l'importance qu'on a les uns pour les autres aussi souvent que possible. N'oubliez pas de dire « je t'aime », « tu es important pour moi », « tu me rends heureux quand tu fais ça ». Incitez vos enfants à faire de même.

Essayez de vous concentrer sur les éléments positifs de la relation même quand vous êtes perturbé. À titre d'exemple, vous pourriez dire : « Je suis très fâché parce que tu n'as pas terminé tes tâches et c'est important pour moi que la salle de bains soit propre. » Ou : « Ça me blesse que tu contestes, je veux simplement que tu comprennes l'importance que cela a pour moi. » Dire ce qu'on pense demande de la réflexion et de la pratique, mais l'effort en vaut la peine. Vous obtiendrez de meilleurs résultats si tous les membres de la famille expriment franchement leurs sentiments et cherchent ensemble des solutions.

18

Faire preuve de compréhension

La chose la plus importante que vous puissiez faire dans une relation, c'est de comprendre l'autre. Quand on se sent compris, on se sent bien ; on baisse la garde et on s'ouvre naturellement à l'autre. Le corps se détend et on éprouve de la satisfaction. Cette compréhension nous touche au plus profond de notre être. Les humains ont besoin d'être reconnus, et c'est ce qu'engendre la compréhension.

Si on n'obtient pas cette reconnaissance – si nos efforts sont ignorés ou pas appréciés à leur juste valeur – on se sent blessé, un sentiment qui s'inscrit dans le corps.

Faire preuve de compréhension, c'est aller au-delà de la simple écoute ou de l'impression que l'on comprend l'autre. Il ne suffit pas de dire « Je comprends ». Il ne s'agit pas non plus de réconfort.

Supposons que votre fils se réveille un matin en disant : « Je me sens vraiment mal aujourd'hui ; je ne sais pas pourquoi. »

Si vous lui répondez : « ça ira mieux demain », on pourrait croire que vous le réconfortez, mais vous lui dites en fait qu'il ne devrait pas se sentir comme ça. Même s'il veut rester à la maison pour ne pas faire l'examen difficile qui l'attend à l'école, il se sentira sans valeur. Il se sentira mieux si vous lui dites: «Je suis préoccupé par ton malaise, mais la règle, c'est qu'il faut avoir de la fièvre pour rester à la maison.» Si vous êtes au courant au sujet de l'examen, vous pourriez dire: «Je crois que ton examen t'inquiète.»

Faire preuve de compréhension signifie que vous montrez à l'autre que vous comprenez le sentiment qui a motivé sa déclaration. Considérez les exemples qui suivent.

- Quand votre fils obtient 100 % à son examen de science, il veut que vous compreniez son *excitation* et sa *fierté*. Il ne veut pas que vous lui demandiez les notes de ses camarades.

- Quand vous arrivez en retard à un rendez-vous, votre camarade veut que vous reconnaissiez sa *déception*; il ou elle ne veut pas entendre parler du bouchon de circulation qui vous a retardé.

Pour y arriver, vous devez consacrer le temps et l'énergie nécessaires pour vous concentrer sur votre interlocuteur. Cela signifie que vous mettez de côté vos autres préoccupations pour être attentif à ce que l'autre essaie de vous dire.

De plus, il faut vous concentrer sur le message de votre interlocuteur, pas sur le vôtre. En fait, vous êtes en mission pour comprendre ce que l'autre ressent, pas sur ce que *vous* ressentez.

Finalement, quand vous pensez comprendre ce que votre interlocuteur dit, il est essentiel de lui montrer que vous avez été réceptif.

Par exemple, si votre fille arrive en retard pour souper et qu'elle a l'air triste et bouleversé, vous pourriez lui dire à quel point son retard vous fâche et lui demander des explications. Vous privilégieriez alors vos sentiments au détriment des siens. Cependant, si vous lui dites que vous êtes inquiet parce qu'elle a l'air triste et bouleversé, vous lui accordez de l'attention. Vous lui dites que vous êtes inquiet, mais d'une manière qui lui fait sentir qu'elle a de la valeur. Cette approbation fait du bien et détend les gens ; ensuite, ils s'ouvrent naturellement et peuvent mieux vous comprendre. C'est précisément quand votre fille se sent plus détendue et plus ouverte que vous pouvez lui demander pourquoi elle était en retard. Autrement dit, attardez-vous à ses sentiments d'abord et informez-vous après. Quand les deux interlocuteurs font preuve de compréhension, ils se sentent plus proches et la relation s'approfondit.

Il vrai qu'il est facile d'exprimer d'abord nos sentiments. Cependant, plus vous ferez preuve de compréhension envers les autres, mieux ils vous comprendront.

Apprendre l'écoute active

L'écoute peut sembler facile, on a l'impression de n'avoir rien « à faire ». Mais ce n'est pas tout à fait juste. Carl, par exemple, se targuait d'avoir une bonne écoute. Il comprenait rapidement ce que les gens disaient et il croyait qu'il était rassurant et utile en disant des phrases telles que : « Tout va bien aller ». ou « Voici ce que tu devrais faire ». Petit à petit, moins de gens se confiaient à lui.

Dire à quelqu'un qui n'est pas dans son assiette que les choses iront mieux ne l'aidera pas. Cette personne veut savoir si vous comprenez ses sentiments. De même, lui dire quoi faire n'est pas utile, parce qu'elle veut probablement trouver elle-même une solution. Ce qu'elle recherche dans cette conversation, c'est une oreille sympathique. Ce que Carl était incapable d'offrir.

En résumé, il y a une énorme différence entre « entendre » de manière passive et « écouter » de manière active. Quand on écoute sincèrement, on tente de comprendre ce que la personne dit, mais aussi ce qu'elle essaie de dire et pourquoi elle veut le dire.

Principes de l'écoute active

❖ **Envisagez les choses selon sa perspective.** Mettez-vous à sa place. Voyez les choses de son point de vue. Essayez de vivre la situation comme il ou elle la vit.

❖ **Reconnaissez que la partie la plus importante du message est ce que ressent la personne, pas son contenu.** La plupart des êtres humains se définissent par ce qu'ils ressentent. Les sentiments font partie intégrante de notre identité. Quand on parle, ce sont les sentiments qui nous poussent à dire ce que l'on dit.

❖ **Acceptez la validité des sentiments de l'autre, que vous soyez d'accord ou non avec ce qui est dit.** Une fois ce fait accepté, vous êtes libre de vous concentrer sur le contenu, c'est-à-dire de décider si vous êtes d'accord ou non avec ce que la personne dit.

❖ **Manifestez votre compréhension et votre acceptation des pensées et des sentiments de l'autre, tout en évitant le jugement et la critique.** La personne à qui vous parlez veut que vous reconnaissiez ce qui l'a poussée à engager la conversation et l'importance que celle-ci a pour elle. Quand vous reconnaissez ce besoin, la personne se sent comprise et acceptée.

Si, par exemple, votre mère vient prendre soin des enfants pendant que vous travaillez et qu'elle vous dit: « Rappelle-toi, tes enfants ont besoin que tu sois à la maison pour le souper.» Cela peut être perçu comme une critique voilée. Après tout, elle semble vous dire quelque chose que vous savez déjà. Si vous pratiquez l'écoute active, vous pourriez répondre: «Je suis contente de voir que tu t'inquiètes pour nous.» De cette façon, vous reconnaissez que votre mère essaie de vous aider. En plus d'éviter une dispute, cette phrase lui montrera que vous avez entendu ce qu'elle essayait de vous dire.

❖ **NE RÉPONDEZ QUE LORSQUE LES QUATRE ÉTAPES PRÉCÉDENTES SONT ACHEVÉES.** Cela vous donnera le temps de bien comprendre votre interlocuteur.

Finalement, voici deux comportements à éviter

1. **PORTER UN JUGEMENT.** Quand on juge les autres, ils ressentent de la gêne, ils se sentent mal et se mettent sur la défensive. Écoutez sans penser «cette personne semble idiote» ou «cette personne semble méchante». Ayez l'esprit ouvert et évitez de juger.

2. **ÊTRE CRITIQUE.** La critique («C'est idiot ce que tu dis.» «Comment peux-tu penser ça?») est blessante. Le mal qu'elle fait persiste longtemps après que la critique se sera estompée.

Quand on pratique l'écoute active, on est plus ouvert l'un envers l'autre, on se comprend mieux et on se donne la possibilité d'approfondir la relation.

20

Parler avec de jeunes enfants

En raison de leur immaturité, les enfants ne sont pas toujours capables de tout exprimer verbalement. Les enfants *montrent* la majeure partie de ce qu'ils pensent et ressentent ainsi que la façon dont ils sont affectés par les situations à travers leurs jeux et leurs comportements. Les enfants se servent du jeu comme d'un moyen pour comprendre le monde, aborder les problèmes qui sont difficiles à saisir ou qui les affectent et trouver des solutions. C'est aussi un moyen pour bâtir leur confiance, car ils apprennent la maîtrise et l'accomplissement en jouant.

Si vous jouez avec vos enfants en les laissant mener le jeu, cela leur apportera satisfaction et sécurité. Il n'est pas nécessaire de parler d'autre chose. Si vous les forcez à parler, vous ressentirez probablement de la frustration, tout comme eux.

Il importe d'être réceptif à ce qu'on appelle les *occasions d'enseignement*. Soyez disposé à réagir quand vous sentez que votre enfant est prêt et laissez-vous guider par lui. Voici un tel moment.

Jacob, trois ans, demande à son père Stéphane : « Pourquoi faut-il que j'aille à la garderie ? » Stéphane pourrait lui expliquer que c'est important pour lui qu'il soit avec d'autres enfants ou que lui-même doit travailler. Toutefois, il comprend qu'il doit d'abord s'intéresser aux sentiments de Jacob. Il lui demande: «Tu n'es pas content d'y aller ?»

Jacob répond: «Je veux être avec toi.»

«Je suis content de savoir que tu veux être avec moi.» La première partie de la réponse de Stéphane touche d'abord un sentiment positif. Puis, il exprime ses propres sentiments: « C'est important pour moi aussi.»

Ce n'est qu'après avoir dit cela que Stéphane répond à la question de Jacob par des faits: «Tu dois aller à la garderie, parce que je me sens mieux en sachant que tu es en sécurité quand je travaille.»

C'était une occasion d'enseignement. Stéphane a tenu compte des sentiments de Jacob, il a reconnu les siens et il a donné une explication raisonnable. Cela démontre le respect que Stéphane a pour son fils. Ainsi, Jacob a véritablement entendu son père.

Matière à réflexion

1. Le jeu est le moyen qu'ont les jeunes enfants pour comprendre leur monde et s'exprimer.

2. Laisser un jeune enfant mener le jeu vous aide à mieux le comprendre.

3. Il est parfois difficile de faire en sorte que de jeunes enfants vous assurent qu'ils vous ont compris. Les forcer à répondre peut être menaçant pour eux et frustrant pour vous.

4. Même si; par leur attitude, les enfants ne montrent pas qu'ils vous comprennent, ils y arrivent probablement.

5. Formulez des remarques simples et courtes. Essayez autant que possible d'utiliser des termes compréhensibles pour les enfants, montrez-leur que vous comprenez ce qu'ils ressentent et exprimez vos sentiments quand vous voulez qu'ils saisissent ce que vous désirez. Voici un exemple: «Tu veux continuer à jouer, mais je ne suis pas contente parce que les jouets ne sont pas ramassés.» Puis: «La règle dit que les jouets doivent être rangés avant le souper.»

6. Si vous voulez que vos enfants comprennent ou fassent quelque chose, vous devez être patient. Répétez votre demande quelques fois, renforcez votre message par des gestes et essayez de ne pas agir sous le coup de la frustration.

7. Efforcez-vous d'être constant et de formuler des règles et des attentes claires.

Relisez ces sept recommandations à quelques reprises. Il faut du temps pour arriver à les mettre constamment en pratique. Soyez patient, vous y arriverez au bout de quelque temps.

21

Parler avec des adolescents

Les médias nous ont conditionnés à redouter l'adolescence de nos enfants. Pourtant, c'est une étape naturelle du développement, une période de transition et de changement. Même si vous avez l'impression que votre adolescent se préoccupe de plus en plus de son groupe d'amis (dans un effort pour développer de nouvelles aptitudes sociales et pour construire son identité), il s'intéresse encore à votre point de vue. En fait, des recherches suggèrent qu'au cours de l'adolescence, les parents ont une plus grande influence que les amis sur leurs enfants. La manière dont vous parlez avec votre ado pendant ces années est importante pour l'aider à passer à travers cette période cruciale. Une bonne communication est toujours essentielle avec des adolescents, et c'est particulièrement le cas dans une famille monoparentale.

L'indépendance est une question fondamentale qu'il faut aborder. En tant que parent seul, vous en êtes probablement venu à compter sur votre aîné pour vous aider à vous occuper de la maison et des enfants plus jeunes. Toutefois, quand les enfants atteignent l'adolescence, ils se sentent déchirés entre leurs responsabilités familiales et leurs besoins, que ce soit de passer du temps seul ou de sortir avec des amis. De nombreux parents – et c'est naturel –

éprouvent de la déception et du ressentiment quand ils se rendent compte que leur adolescent s'éloigne de la famille. Cependant, il est important que vous respectiez ce besoin d'indépendance et d'interaction sociale. Si vous assouplissez vos attentes, cela se passera mieux. Vous pouvez également demander aux enfants plus jeunes de prendre plus de responsabilités. Ainsi, vous ne serez pas aussi dépendant de votre adolescent, et les tensions diminueront entre vous.

Vous pouvez parler aux adolescents en faisant appel aux mêmes principes et stratégies de communication que lorsqu'ils étaient plus jeunes. Mais rappelez-vous que les adolescents vivent des changements physiologiques et psychologiques réels. Les modifications hormonales font qu'ils sont parfois d'humeur changeante, alors rien de ce que vous faites ne leur plaît. Ils ont aussi tendance à être plus égocentriques pendant cette période. Après tout, ils doivent composer avec de multiples changements.

À l'occasion, il peut leur sembler difficile de reconnaître votre point de vue tout en voulant désespérément que vous reconnaissiez le leur. De plus, la plus grande part de leur attention est concentrée sur ce que leurs amis font et non plus sur ce qui se passe à la maison.

Quand Émilie, la fille de Benoît, a eu douze ans, il a eu l'impression d'être devant une autre personne. Il avait toujours été fier d'elle, surtout pendant les années qui ont suivi sa séparation, parce qu'elle était exceptionnellement compréhensive. Comme elle était la plus âgée, elle donnait volontiers un coup de main à la maison. Il savait qu'il pouvait compter sur elle dès que c'était nécessaire. Mais après son douzième anniversaire, Émilie a commencé à contester et à être moins coopérative. Un jour, désespéré par la triste tournure des événements, il lui a demandé s'il pouvait lui parler. Il a découvert alors qu'elle avait l'impression qu'il ne l'écoutait pas. Elle a avoué qu'elle était particulièrement blessée parce qu'elle essayait de faire son possible pour l'aider à la maison compte tenu de ses nombreuses activités. Elle voulait également voir plus souvent ses amis. Benoît a pris ses sentiments en considération, il les a reconnus et a convenu avec elle de nouvelles attentes. Ensuite, Émilie et lui ont parlé de leur discussion au conseil de famille pour que les autres enfants se sentent inclus dans ces décisions.

Benoît a fait appel aux habiletés suivantes pour mener à bien sa conversation avec Émilie.

- Il était respectueux et compréhensif.
- Il a fait de l'écoute active et a pris ses sentiments en considération.
- Il ne l'a pas jugée ni critiquée.
- Il lui a fait part de ses sentiments.
- Il a pris ses besoins en compte sans se mettre sur la défensive.

Mais surtout, Benoît a tiré profit de la confiance et du respect que lui et ses enfants ont su insuffler à leurs relations.

22

Parler avec vos proches

La communication est importante dans toutes les relations, mais chaque relation est différente. La façon dont vous parlez à votre employeur, à vos amis, aux membres du clergé, aux enfants, aux parents, aux clients, aux serveurs ou aux médecins est aussi unique que chacune de ces personnes. Chaque relation a ses règles, son contexte et ses nuances, ce qui peut rendre la communication maladroite ou difficile. On pourrait croire qu'avec nos proches, la communication est beaucoup plus facile, mais ce n'est pas toujours le cas.

Plus vous êtes proche d'une personne, plus vous investissez dans la relation. En fait, c'est votre proximité avec l'autre qui rend la relation si délicate. C'est pour cette raison qu'il faut parler à nos proches avec encore plus de précautions. Il faut être particulièrement prévenant pour ne pas dire une parole blessante, surtout par inadvertance.

Dans une relation étroite, on cherche à se sentir accueilli et important – à valider la valeur de nos sentiments. C'est ce que vous devez transmettre quand vous parlez avec un proche : qu'il est important à vos yeux et que ses sentiments vous tiennent à cœur.

- Quand Sarah a perdu son emploi, sa sœur Béatrice lui a dit: «Tu en trouveras un autre.» Sarah a eu l'impression qu'elle ne comptait pas et elle s'est braquée. Ce n'est pas ce que recherchait Béatrice; elle voulait exprimer sa sollicitude et la confiance qu'elle avait dans les capacités de sa sœur. En disant: «Tu en trouveras un autre», elle voulait dire: «Je ne peux pas imaginer quelqu'un qui ne voudrait pas t'embaucher, tu es si compétente.» Mais Sarah voulait entendre: «C'est triste» ou «Je me fais du souci pour toi».

- Après avoir prononcé un discours devant ses associés, Alexandre a avoué à son ami Jacques qu'il avait oublié un point important. Jacques lui a répondu: «Ce n'est pas grave, c'était un bon discours.» Il voulait soutenir son ami, mais Alexandre a présumé que Jacques ne l'avait pas écouté ou qu'il ne prenait pas ses regrets au sérieux. Alexandre aurait été rassuré si Jacques avait dit: «J'ai aimé ton discours, il m'a grandement motivé.»

- Quand Thomas est arrivé chez lui avec deux heures de retard, il a dit à sa femme en lui tendant un bouquet de fleurs: «Je suis désolé de t'avoir blessée.» Elle lui a souri et Thomas s'est senti mieux tout de suite. S'il avait dit: «Je ne t'ai pas appelée parce qu'il n'y avait pas de téléphone», elle n'aurait pas été aussi conciliante. Elle ne voulait pas connaître la raison de son retard, elle voulait qu'il tienne compte de ses sentiments, et c'est ce qu'il a fait.

Recommandations pour parler à un proche

- Gardez à l'esprit l'importance qu'a pour vous cette personne et l'affection qui vous lie.
- Montrez-lui souvent ce que vous ressentez pour elle. Dites-lui: «je me sens proche de toi», «je me sens bien quand je suis avec toi», «tu es importante pour moi», «je t'aime». On ne dit jamais trop souvent ces mots d'affection.
- Respectez la confiance que vous vous témoignez en étant franc et honnête.
- Respectez vos engagements. Vos proches se sentiront facilement sans valeur s'ils sont déçus.
- Pratiquez d'abord l'écoute active. Ensuite, assumez la responsabilité de vos sentiments quand vous répondez. Assurez-vous d'exprimer l'importance qu'a la relation pour vous. Et sachez que vous pouvez réparer les torts qui pourraient survenir en exprimant franchement vos sentiments.

Les principes de la conversation constructive sont les mêmes pour la plupart des relations. Quand on parle avec des proches, il est encore plus important de les appliquer. N'oubliez pas, plus vous partagez vos sentiments avec l'autre, plus vous vous rapprochez.

Parler à l'autre parent

Ce chapitre s'adresse à ceux qui sont divorcés ou séparés de l'autre parent de leurs enfants. Dans une famille monoparentale, les deux parents sont importants dans la vie des enfants. Les parents ne divorcent pas de leurs enfants et restent des figures importantes dans leur vie, peu importe la qualité de leurs relations, présentes et passées. Les enfants profitent d'avoir de bonnes relations avec leurs deux parents, même s'ils ne vivent plus ensemble. Les enfants qui entretiennent une relation positive et épanouissante avec leurs deux parents sont plus heureux, bâtissent des relations plus solides et s'avèrent plus ambitieux. C'est pourquoi il vous faut apprendre à parler à votre ex-conjoint ou ex-conjointe. Les enfants dont les parents séparés se chamaillent tout le temps ont beaucoup plus de difficulté à grandir et à surmonter les effets nocifs de cette hostilité constante.

Que vous ayez ou non la garde des enfants, votre autorité parentale devient plus difficile à affirmer après la transition. Votre autorité comme votre influence sur vos enfants dépendent beaucoup plus de la qualité de votre relation avec eux et de votre engagement. Si l'un des parents pousse les enfants à prendre un parti, les enfants souffriront tout comme votre relation avec eux. C'est pourquoi vous devez toujours garder à l'esprit l'intérêt de l'enfant quand vous parlez avec l'autre parent.

Charles voyait ses enfants une fin de semaine sur deux et trois semaines pendant l'été. Il était furieux quand son ex-femme lui a dit qu'elle reprendrait les enfants le samedi au lieu du dimanche pour qu'ils puissent aller à une fête de famille. Il était sur le point de protester contre ce qu'il croyait être une manipulation de sa part. Cependant, il s'est rappelé à quel point sa fille aimait voir ses cousins. Il a donc dit: «Je n'aime pas l'idée d'avoir moins de temps avec les enfants, mais je sais que Sophie aime être avec ses cousins. Je me sentirais mieux si les enfants pouvaient venir souper mercredi pour passer plus de temps avec eux.»

Évidemment, les conflits ne se règlent pas toujours aussi aisément, mais c'est un exemple où le père a gardé à l'esprit le bien-être de l'enfant.

Le problème de Valérie était différent. Pour elle, c'était important que ses enfants aillent à l'église le dimanche. Leur père, qui les voyait une fin de semaine sur deux, n'y tenait pas autant qu'elle, et Valérie ressentait de la colère et de l'impuissance. Cependant, elle craignait que sa colère pousse les enfants à prendre parti. Elle a donc dit à leur père: «Le fait que les enfants ne vont pas à l'église tous les dimanches me préoccupe beaucoup et j'aimerais en parler avec toi pour trouver une solution afin qu'ils y aillent. Je serais prête à aller les chercher et à les reconduire si c'est plus pratique.

Ça montre à quel point j'y tiens.» La réaction initiale du père n'a pas été encourageante, mais Valérie a continué à essayer de lui faire comprendre l'importance que cela avait pour elle. Finalement, ils ont trouvé un compromis. Il irait les reconduire et les chercher à l'église, mais il passerait plus de temps avec eux avant de les ramener chez elle.

Recommandations pour parler à l'autre parent

- Pensez d'abord aux intérêts des enfants.
- Rappelez-vous que les deux parents sont importants.
- Concentrez-vous sur le problème du moment et ne l'embrouillez pas avec d'autres conflits.
- Efforcez-vous d'être souple et ouvert aux compromis.
- N'oubliez pas que vous ne voulez pas entraîner les enfants dans un conflit entre leurs deux parents.
- Tentez de faire preuve d'une certaine compréhension du point de vue de l'autre parent.

Surtout, rappelez-vous que la qualité de la relation de vos enfants avec ses deux parents influence grandement leur bien-être global.

24

Parler pour provoquer du changement

Les êtres humains ont besoin de communiquer entre eux. Les mots nous aident à mieux nous comprendre et à coordonner nos actions. Parler nous permet d'exprimer ce qui nous préoccupe, ce que nous ressentons et la valeur qu'ont les autres pour nous. Quand les gens ne se parlent pas, ils deviennent distants et méfiants. Dans le silence, on ne peut qu'interpréter les actions des autres et se fier à l'intuition pour savoir comment agir avec eux. Sans le langage, les interactions quotidiennes seraient difficiles et maladroites. Plus on se parle, mieux on se comprend et plus on coopère de manière efficace.

Malgré les progrès technologiques, comme le courriel, on a toujours besoin de se parler face à face. Cela semble forger un lien plus étroit que la communication par voie électronique. Les êtres humains ont besoin de prendre le temps de parler, d'exprimer leurs sentiments, de se comprendre et de résoudre les problèmes.

Le dialogue est particulièrement important quand des questions ou des émotions plus délicates sont en jeu. Ironiquement, c'est le moment où bien des gens se referment, parce qu'ils craignent de blesser l'autre ou d'être blessés. Le problème, c'est que moins on parle, plus il y a place à interprétation et donc à la confusion. Autre effet négatif du silence, lorsqu'on arrête de parler de ce qui nous perturbe, on prend l'habitude de ne plus parler des autres sujets. Sans en être conscient, on participe à l'érection de murs qui nous isolent.

Ce que vous taisez grossit et amplifie la distance. Ce n'est qu'en parlant qu'on peut changer notre compréhension. En effet, on intègre alors de nouvelles informations et des points de vue différents qui changent notre évaluation de la situation. Les relations s'améliorent toujours lorsqu'il y a un dialogue. Cela revêt une importance particulière dans les relations avec nos proches, car le dialogue favorise la confiance et le rapprochement.

Daniel était très attaché à ses enfants, Julia et Julien. Même s'il ne les voyait que les fins de semaine et pendant un mois l'été, il avait l'impression qu'ils considéraient sa maison comme leur foyer. Cependant, il s'est mis à se faire du mauvais sang quand il s'est aperçu qu'il n'avait pas vu Julia depuis ce qui lui semblait être une éternité. Elle venait de faire son entrée au secondaire et il se demandait si cela se passait bien. Quand il l'appelait, elle n'était jamais là, et elle ne le rappelait pas. Son inquiétude a grandi ; il se sentait blessé et rejeté. Après quelques semaines de souffrance, il a invité Julia à souper. Avant de la voir, il s'est efforcé de composer avec la colère que son attitude lui causait. Il a eu l'idée d'en parler à des amis pour éviter d'être agressif en sa présence. Sa stratégie a fonctionné. Quand il l'a retrouvée, il a pu dire calmement : « Je suis préoccupé parce que je ne t'ai pas vue depuis un bon moment. J'avais peur que tu sois fâchée contre moi.» Julia a été très surprise par cette déclaration. Elle n'était pas du tout fâchée contre lui. Elle a expliqué à son père qu'elle avait été choisie pour tenir le rôle principal dans la pièce de son école et qu'elle était si souvent en répétition qu'elle n'avait plus de temps libre. Dès qu'il a entendu cela, Daniel s'est détendu. Le père et la fille ont bavardé toute la soirée et se sont promis de se parler plus souvent à l'avenir.

Plus vous parlez, plus vos relations se solidifient. C'est aussi important de ne pas engager la conversation avec l'autre uniquement quand on veut quelque chose, quand on est fâché ou quand on doit planifier des activités.

PARTIE

3

Le travail et le jeu

25

Concilier le travail et la vie de famille

La conciliation des demandes du travail et de la famille est une responsabilité particulièrement importante pour un parent seul. La pression et le stress du travail peuvent grandement influencer votre humeur et vos rapports avec vos enfants. Il n'y a pas un autre adulte à vos côtés pour assumer une partie de la charge. Si vous êtes angoissé ou déprimé à la maison en raison de la pression du travail, il se peut que vous vous isoliez ou que vous deveniez impatient. Quand vous vous sentez aussi mal, c'est plus difficile de répondre à vos attentes.

Le moment le plus difficile pour atteindre l'équilibre quand on est un parent seul est souvent le retour à la maison. Les parents et les enfants comprennent à quel point ils se sont ennuyés pendant la journée et veulent se retrouver. Ce serait facile de ne pas lutter contre la fatigue et de vous isoler – simplement pour souffler ! Mais le premier contact que vous avez avec vos enfants à la fin de la journée déterminera probablement l'atmosphère de la soirée. Il est donc important de prendre un moment pour vous retrouver en famille avant de pouvoir aspirer au repos du guerrier.

Josée, par exemple, a recommencé à travailler après son divorce. Son emploi était exigeant, son patron irascible et son horaire si variable qu'elle rentrait souvent tard le soir – et de mauvaise humeur. Elle était impatiente avec ses enfants et elle se sentait coupable. Il fallait qu'elle trouve une façon de composer avec cette nouvelle situation.

Elle a demandé à ses enfants s'ils avaient des idées. Ensemble, ils ont décidé qu'elle appellerait à la maison à leur retour de l'école. Josée s'est aussi engagée à appeler au moment où elle quittait le travail ; de cette façon, Anne, sa fille de douze ans, pouvait mettre au four le souper que Josée avait préparé. Laurent, dix ans, a accepté de mettre la table. Josée a également instauré un système de récompenses pour leur aide. Finalement, elle leur a demandé si elle pouvait avoir dix minutes, seule, avant le souper pour faire un arrêt et souffler un peu. Ses enfants ont accepté avec joie.

L'histoire de Josée n'a rien d'exceptionnel. Elle a simplement trouvé des moyens ingénieux pour concilier les demandes pressantes de son travail et de sa vie de famille. Les solutions qu'elle a trouvées mettent en lumière plusieurs principes profitables.

- Soyez réaliste quant à ce qui peut être changé et à l'ampleur du changement.
- Admettez que vous êtes stressé au lieu d'essayer de le nier.
- Tenez compte du fait que votre capacité à composer avec votre réalité est importante pour tous les membres de la famille.

- Demandez à vos enfants de vous aider ; ils le font souvent avec joie quand on leur donne la chance.
- Soyez franc avec vos enfants au sujet de ce qui vous préoccupe. Cela les aide à vous soutenir et à coopérer avec vous.
- Efforcez-vous autant que possible d'organiser à l'avance les tâches comme les repas et la lessive.
- Instaurez des routines et des horaires dans votre vie de famille.
- Au lieu de laisser un problème vous submerger, essayez de restructurer les choses pour diminuer votre stress.
- Quand vous vous sentez dépassé, il peut être utile de rester seul un moment. Ce temps d'arrêt sera bénéfique pour tout le monde.

Concilier le travail et la vie de famille n'est jamais facile. Il faut trouver la recette qui vous convient pour atteindre l'équilibre. Ces neuf principes vous aideront à mieux vous en sortir.

26

Diminuer la pression du travail à la maison

L'un des défis les plus grands comme parent seul est d'apprendre à gérer la pression du travail pour qu'elle ne se répercute pas sur la vie familiale. Quand on sent de la pression de la part de l'employeur, en raison d'échéanciers serrés ou des querelles de bureau, on a tendance à être plus distrait à la maison, donc moins présent psychologiquement pour les enfants. Cette situation accroît leur stress et leur anxiété, et la vie de famille se détériore.

Matière à réflexion

- ❖ La plupart des gens passent un tiers de leur journée au travail.
- ❖ Le travail engendre un sentiment de fierté et d'identité.
- ❖ Le travail contribue à la complexité de la vie et la rend plus intéressante.
- ❖ Le parent qui travaille est un bon modèle pour ses enfants.
- ❖ Le travail accroît les possibilités de succès et de satisfaction.
- ❖ Le travail favorise la concentration et atténue la distraction.

- Le fait d'assumer plusieurs rôles dans la vie est bénéfique pour la santé physique et émotionnelle ainsi que pour la qualité des relations.
- Le travail offre de nouvelles expériences, ouvre des horizons, rend plus souple et nous incite à mieux évaluer nos objectifs.

En vous rappelant tous les bienfaits du travail, vous avez franchi la première étape pour diminuer la pression du travail à la maison.

Soyez réaliste quant aux moyens envisagés pour diminuer la pression, de manière à trouver celui qui convient le mieux pour diminuer *votre* stress. Prenons l'exemple de Jules, un perfectionniste. Si tout n'est pas à l'ordre, il devient très stressé.

Louis, de son côté, aime participer à plusieurs projets en même temps. Il apprécie le chaos et le défi que constitue une vie où tout n'est pas nécessairement « à sa place ».

Stratégies efficaces pour composer avec la pression du travail

- Instaurez des routines qui favorisent la constance dans votre famille. C'est crucial dans les moments de transitions, comme le réveil, le départ pour l'école ou le travail, le retour à la maison, le souper, la période des devoirs, les tâches ménagères et le coucher.

- Dressez une liste des responsabilités qui vous angoissent au travail et à la maison, de la « plus stressante » à la « moins stressante ». Établissez un plan personnalisé pour aborder chacune d'elles.
- Soyez franc avec vos enfants au sujet de la pression et du stress que vous vivez. Vous pouvez dire : « Je suis souvent stressé quand je reviens du travail. J'aimerais pouvoir être seul pendant dix minutes afin de relaxer avant de commencer à préparer le souper. »
- Ne vous servez pas de la pression du travail comme excuse pour critiquer vos enfants. Évitez ce genre de phrase : « Qu'est-ce qui ne va pas chez toi ? » « Es-tu capable de faire quelque chose seul ? »
- Prévoyez des périodes calmes à la maison pendant lesquelles vous ne travaillerez pas.
- Prenez des pauses pour faire le plein d'énergie.
- Quand vous sentez le stress vous envahir, faites un exercice de relaxation ; en ralentissant votre respiration, par exemple. Inspirez, retenez votre souffle puis expirez lentement. Faites cet exercice pendant quelques minutes.
- Faites de l'exercice et mangez régulièrement ; adoptez une alimentation saine.
- Parlez de la pression que vous vivez au travail à vos amis plutôt qu'à vos enfants.

- Surveillez la quantité d'alcool que vous buvez ou le nombre de cigarettes que vous fumez. Votre santé, votre énergie et votre capacité à composer avec le stress pourraient s'en ressentir.
- Faites au moins une activité qui vous fait plaisir chaque semaine.

Peu importe les efforts que vous consentez pour faire diminuer la pression du travail, il arrive que ce soit inutile. Ces jours-là, avouez à vos enfants – dans un vocabulaire approprié à leur âge – à quel point vous êtes stressé. Demandez-leur un coup de main ; les enfants sont généralement enthousiastes à l'idée d'aider. Cela peut leur donner un sentiment d'importance et de valeur. Avec une bonne planification, vous serez en mesure de profiter de leur présence lorsque vous aurez retrouvé l'équilibre. Souvent, le meilleur antidote à une mauvaise journée au travail est de voir sa famille coopérer.

27

Faire équipe

L'une des idées fondamentales de ce livre est la notion que vous ne pouvez pas tout faire et que vous ne pouvez pas y arriver seul. Il faut renoncer à certaines tâches et en déléguer d'autres. Pour ce faire, vous devrez demander l'aide de vos enfants. Vous serez surpris de découvrir leur potentiel ainsi que leur désir de vous donner un coup de main.

Pour mieux y arriver, il peut être profitable de considérer votre famille comme une équipe. Vous pourriez vous surnommer « l'équipe familiale des ____ ». Avec cette idée d'équipe, une atmosphère de collaboration et de coopération se répandra dans la maison. En intégrant des valeurs démocratiques dans votre foyer, vous signifiez à vos enfants que vous considérez qu'ils jouent un rôle dans le bon fonctionnement de la famille.

Pour former une équipe, chacun doit accepter avec respect l'importance de tous les membres et leur droit de s'exprimer sur les décisions familiales. Bien que vous ayez certaines responsabilités et de l'autorité en tant que chef de l'équipe, vous devez respecter tous les membres également. Ne vous servez pas de votre pouvoir pour diminuer la contribution de vos enfants.

Imaginons une situation où vous êtes contrarié parce que vous avez de la difficulté à coucher les enfants. Certains soirs, vous allez jusqu'à crier. Vous êtes tellement fâché que vous devenez agressif; vous les forcez à aller au lit et leur interdisez de sortir de la chambre. En agissant ainsi, vous abusez de votre pouvoir. Pire encore, vous bafouez une valeur fondamentale: *tout le monde a droit au respect*. De plus, votre stratégie se retourne contre vous. Vous offrez un modèle de rapports hostiles, conflictuels et malheureux. Pas étonnant que vous vous sentiez impuissant et incompétent.

Enthousiaste à l'idée d'essayer une nouvelle approche, vous rassemblez tout le monde pour leur dire que ce qui se passe à l'heure du coucher vous rend malheureux. Vous expliquez qu'en parler y changera quelque chose. Au cours de la discussion, vous découvrez les raisons qui expliquent la non-coopération de vos enfants. Ils suggèrent une nouvelle routine. Vous décidez de la mettre à l'essai... Comme de fait, elle fonctionne.

Une équipe est née. Pour former la vôtre, commencez par évoquer l'idée du travail d'équipe. Pour les convaincre, vous pourriez dire: «Vous savez, je crois que tout le monde se sentirait mieux si on travaillait comme une équipe. Après tout, je ne peux pas tout faire pour nous rendre heureux. Ce serait l'équipe familiale des Gauthier. On pourrait faire un logo et des bannières avec l'ordinateur.»

Suggestions pour former votre équipe

- Planifiez une réunion chaque semaine pour discuter des questions concernant votre famille.
- Précisez que chaque opinion est importante dans le processus de décision.
- Demandez à chaque enfant ce qu'il pense et écoutez sincèrement les suggestions, en rappelant que le point de vue de chacun doit être respecté et pris en considération.
- Montrez à tous que vous êtes reconnaissant de l'aide qu'ils vous apportent.
- Au lieu de poser des questions aux enfants, parlez de vos sentiments. Dites : « J'aimerais avoir ton avis » au lieu de : « Qu'en penses-tu ? » Ainsi, ils ne se sentent pas contraints ou blâmés. Les questions amènent parfois des réactions défensives. Il vaut mieux trouver une autre façon d'exprimer ce que vous voulez dire.
- Renforcez la contribution de chaque enfant en le remerciant pour ses efforts et sa coopération. (« J'apprécie les efforts que tu fais. » « Tu coopères bien. »)
- Soyez souple. Les meilleurs résultats se révéleront avec le temps, dans un processus d'essais et d'erreurs.

Le point de vue de chacun est capital. Les membres de la famille doivent se respecter pour former une équipe gagnante.

28

Organiser régulièrement des conseils de famille

L'un des meilleurs moyens pour favoriser la prise de décision en collaboration est d'organiser des conseils de famille. Ces conseils deviennent un moment précieux pendant lequel tout le monde peut exprimer ses pensées ou ses sentiments et contribuer aux décisions. S'ils ont lieu régulièrement, il sera plus facile de considérer la famille comme une équipe.

Il faut du temps et de la patience pour intégrer les conseils de famille à la routine de tous. Commencez le plus tôt possible, quand les enfants sont encore petits. De cette façon, ils seront perçus comme un élément de la vie familiale. À mesure que les enfants grandissent, vous augmentez la durée de la réunion et abordez des sujets plus complexes, en conservant les mêmes principes de base.

Pistes pour instaurer des conseils de famille

- Déterminez un moment qui convient à tout le monde, la durée de la réunion et l'endroit où elle aura lieu.
- Établissez des règles pour régir les présences, la façon dont les plus jeunes participeront, etc.

- Placez un ordre du jour sur le réfrigérateur et incitez tout le monde à suggérer des sujets de discussion.
- À la réunion, chaque membre choisit un sujet de discussion. Un nouveau membre commence chaque semaine. S'il manque de temps, les sujets non abordés sont reportés à l'ordre du jour du conseil suivant.
- Veillez à ce que chacun commence par une phrase positive : (« j'ai passé une bonne semaine », « j'ai eu une bonne note », « j'ai bien apprécié le ménage que Julien a fait dans sa chambre », etc.)
- Une seule personne doit parler à la fois. S'il y a des interruptions, on perd la maîtrise et la personne qui parle se sent frustrée.
- Convenez de ne pas permettre la critique. Démontrez comment la reconnaissance des sentiments peut remplacer la critique. (Au lieu de dire « Tu ne m'écoutes pas quand je te dis de sortir de ma chambre », dites « Je ne me sens pas bien quand j'ai besoin d'intimité et que tu ne sors pas de ma chambre ».)
- Désignez une personne pour écouter et prendre en compte les sentiments de celui ou celle qui parle. Cela permet à la personne qui a la parole de mieux exprimer ses sentiments et de se sentir comprise.
- La personne qui a la parole doit résumer ce que l'autre a dit précédemment avant de parler à son tour.

- Toutes les décisions devraient être prises par consensus. Le parent prend la décision finale en tenant compte du consensus (s'il y en a un).
- Une fois qu'une décision est prise, on la note par écrit. On distribue des copies ou on l'affiche dans une pièce commune.
- Les décisions ne peuvent être modifiées sans qu'il y ait discussion à un autre conseil de famille. (On fait exception si une décision ne fonctionne pas du tout ; la mère ou le père peut la changer, mais on doit discuter de ce changement au conseil suivant.)

Les conseils de famille peuvent servir à résoudre des disputes et à trouver de meilleures façons de composer avec certaines situations. Ils peuvent également servir à améliorer le travail d'équipe en cherchant de nouvelles façons de coopérer. En instaurant des conseils de famille, vous enseignerez à vos enfants la valeur de la prise de décision en collaboration. Vous contribuerez ainsi à ce que chacun se sente satisfait et respecté, et votre famille ne s'en portera que mieux.

29

Être réaliste quant aux tâches ménagères

Existe-t-il un foyer où les enfants et les parents ne se disputent pas au sujet des tâches ménagères ? Comme parent seul, vous pouvez être plus vulnérable quand vos enfants ne coopèrent pas. Après tout, vous travaillez si fort que le refus des enfants de vous aider peut vous sembler une trahison terrible. Il vaut mieux aborder le sujet sous un angle complètement neuf.

D'abord, il faut être réaliste. Tout le monde dans la famille a des activités importantes. Il est préférable d'instaurer une routine quand les enfants sont jeunes et coopératifs. Rappelez-vous cependant de ne pas avoir de trop grandes attentes. Les jeunes enfants sont souvent heureux de vous aider, mais ils sont lents et leur efficacité laisse à désirer. Si vous accueillez leurs efforts avec patience et reconnaissance, ils auront envie de persévérer. Félicitez toujours vos enfants. Si vous critiquez et dépréciez leur travail, ils cesseront de coopérer.

Simon souhaitait que ses enfants aient des tâches pour qu'ils deviennent responsables. Quand ils négligeaient leurs tâches ou ne les faisaient pas correctement, Simon se fâchait parce qu'il avait l'impression que ses enfants brisaient l'entente qu'ils avaient avec lui. Il obligeait ses enfants à obéir, et quand ils résistaient, il devenait très critique à leur égard. La situation est allée de mal en pis. Finalement, Simon a fait appel à un professionnel.

Dans le bureau du thérapeute, les enfants ont expliqué qu'ils avaient de la peine, parce qu'ils avaient l'impression que Simon faisait abstraction de leurs activités et qu'il avait des attentes irréalistes compte tenu des engagements qu'ils avaient. Ils ont dit qu'ils se sentaient très mal parce qu'ils décevaient toujours leur père et que ses critiques constantes les rendaient anxieux et leur faisaient peur.

Simon a été sidéré d'apprendre que ses enfants voulaient lui faire plaisir. Il s'est senti coupable de les avoir réprimandés autant. Il a expliqué qu'il voulait que ses enfants deviennent des adultes responsables – et il a été surpris d'apprendre que ses enfants désiraient la même chose.

Ensemble, ils ont formulé des attentes réalistes. Ils se sont également mis d'accord sur les tâches à faire et sur un système de récompenses et de conséquences. Sachant que cela ne garantirait pas l'exécution des tâches, ils ont tenu des conseils de famille régulièrement en instaurant une structure pour qu'ils soient constructifs. Après quelques semaines, Simon a été surpris de voir à quel point le quotidien s'était amélioré.

Principes à retenir pour aborder les tâches ménagères de façon constructive

- C'est un travail d'équipe.
- Tout le monde doit participer pour établir la liste des tâches et les diviser.
- Les attentes doivent être réalistes et correspondre à l'âge des enfants.
- Le résultat s'améliore grâce à l'apprentissage par essais et erreurs.
- Le renforcement positif est toujours plus efficace que les punitions et les critiques, qui en plus de miner le résultat mine la personne qui est critiquée.
- Il vaut mieux demander à votre enfant pourquoi il ne veut pas faire une tâche. Ce peut être un simple problème d'horaire. (Par exemple: vous lui demandez de mettre la table au beau milieu de son émission préférée.)
- Un système de récompenses et de conséquences motive souvent les enfants à faire les tâches qu'on leur demande.
- Profitez des conseils de famille pour régler tous les problèmes qui surviennent.

À titre de chef de famille, vous avez le pouvoir de faire des tâches ménagères un élément constructif et satisfaisant de la vie familiale.

30

Favoriser la réussite scolaire

Du premier jour de la maternelle à l'obtention de leur diplôme, l'école façonne le développement, l'apprentissage, l'identité et la socialisation de vos enfants. Ils participent alors à la société. À l'école, vos enfants construisent une bonne part de leur identité, développent leurs relations, éveillent leurs intérêts, apprennent à répondre aux attentes des autres, gagnent de l'indépendance, acquièrent des connaissances et des compétences, établissent des liens en dehors de leur famille, apprennent à suivre les règles et à devenir responsables. Quand il est question de travaux scolaires, envisagez-les dans ce contexte plus large plutôt qu'en fonction de la performance uniquement.

Conseils pour favoriser la réussite scolaire de vos enfants

- Devenez un partenaire de leur expérience d'apprentissage. Faites-vous un devoir d'assister aux réunions de l'école, aux rencontres avec les professeurs, aux spectacles et aux expositions de l'école. Faites du bénévolat en classe quand c'est possible. Suivez les progrès de vos enfants quotidiennement. Manifestez votre intérêt pour toutes les facettes de leur vie scolaire, pas seulement pour leurs bulletins. Les enfants aiment savoir que vous suivez leur cheminement et qu'à l'instar de leurs professeurs, vous voulez qu'ils réussissent.

- Bâtissez un pont entre l'école et la maison en créant un environnement favorable à l'apprentissage chez vous. Soyez un modèle de curiosité intellectuelle en lisant, en vous abonnant à des magazines, en fréquentant les librairies ou les bibliothèques et en parlant de vos intérêts à vos enfants. Réservez un coin à la lecture et organisez un lieu où les enfants feront leurs devoirs. Déterminez l'environnement qui leur conviendra le mieux ; certains enfants ont besoin d'une alcôve tranquille dans leur chambre, d'autres apprennent mieux en étudiant à la table de la cuisine où ils sentent la présence des autres.
- Collaborez avec vos enfants pour établir un horaire et fixer des objectifs. Déterminez avec eux le temps qui sera consacré aux travaux scolaires chaque soir – puis soyez constant (n'oubliez pas les pauses). Quand les enfants sont au primaire, vérifiez ce qu'ils ont à faire et aidez-les à organiser leur temps. Pour les travaux de longue haleine, aidez-les à établir un échéancier. Soyez disponible à l'heure des devoirs pour les aider au besoin. Avec ce soutien, ils assumeront de plus en plus de responsabilités dans leurs travaux. Au secondaire, ils seront en mesure de travailler seuls.
- Soyez à l'affût des problèmes possibles. Si vos enfants semblent exceptionnellement paresseux ou réfractaires aux devoirs, ils ont peut-être des problèmes visuels ou émotionnels, ou encore

des difficultés d'apprentissage qui minent leur confiance ou rendent les travaux plus difficiles. Prenez rendez-vous avec un pédiatre pour vérifier ces possibilités.

Quand Cynthia s'est aperçue que sa fille Mélanie ne s'intéressait pas à l'école, elle en a parlé à son pédiatre. Il a suggéré que Mélissa subisse une évaluation psychopédagogique à son école pour mesurer son développement social et scolaire. L'évaluation indiquait que Mélissa avait du potentiel, mais que son immaturité interférait avec sa compréhension et ses relations avec ses camarades. Quand l'école a recommandé que Mélissa participe à la classe d'orthopédagogie, Cynthia s'est portée volontaire dans cette classe. De cette façon, elle pouvait voir comment les enseignants aidaient sa fille et appliquer ces méthodes à la maison. Le soir, elle faisait son travail administratif pendant que Mélissa faisait ses devoirs.

Trouvez des moyens pour devenir une présence vitale dans la vie scolaire de vos enfants. Ils remarqueront vos efforts et vous en seront reconnaissants. En fait, derrière chaque parent actif, on trouve presque toujours un enfant heureux.

31

Équilibrer le travail et les loisirs

La plupart de nos activités peuvent être qualifiées de travail ou de loisir. Mais ces mots simples cachent des réalités plus complexes. Par exemple, si vous aimez coudre et que vous le faites pour vous détendre, c'est un *loisir*. Cependant, si vous avez le contrat de coudre une robe avec un échéancier et une rémunération, c'est du *travail*.

Si vous travaillez tout le temps, vous perdrez votre motivation. Si vous n'avez que des loisirs, vous serez insatisfait. C'est pourquoi il est important d'équilibrer le travail et les loisirs, que ce soit à la maison avec vos enfants ou au travail. Le travail et les loisirs sont gratifiants lorsqu'ils s'équilibrent.

Que ce soit par le travail ou les loisirs, votre objectif est d'atteindre l'état de *flux*. C'est un terme utilisé par les psychologues pour décrire un état dans lequel vous êtes si investi dans une tâche que vous perdez la notion du temps et que rien d'autre ne semble exister. Dans cet état, « l'exécution » est aussi importante que « le résultat ».

Pour atteindre l'état de flux, servez-vous des activités que vous aimez pour venir à bout de celles que vous trouvez plus fastidieuses. Par exemple, Pierre adore bricoler dans son atelier. Les heures qu'il y passe à construire des jouets pour ses enfants l'aident à supporter son emploi de comptable qu'il trouve ennuyeux. Maryse, quant à elle, adore son emploi d'analyste en logiciels. Le plaisir que lui procure son travail l'aide à composer avec les tâches ménagères qu'elle trouve assommantes. David ne raterait jamais ses trois séances de racquetball hebdomadaires. Elles lui permettent d'être de meilleure humeur à la maison comme au travail.

Composez le menu de travail et de loisirs qui vous convient. Le nombre d'heures consacrées à chaque activité n'est pas important, ce qui compte, c'est d'avoir des options. Quand vous attendez une activité avec impatience, votre énergie, votre motivation et votre satisfaction sont décuplées.

Pensez à la fluctuation naturelle de votre niveau d'énergie. Chaque personne a un rythme biologique unique ; l'énergie croît et décroît pendant la journée. Si vous savez quel est le vôtre, essayez de planifier les tâches les plus exigeantes pendant les périodes où votre énergie est à un niveau élevé. Réservez les périodes de loisir pour les moments où vous avez moins d'énergie. De cette façon, vous travaillerez avec votre corps plutôt que contre lui.

Essayez de travailler dans vos loisirs et de jouer au travail, comme le fait David. Pendant ses parties de racquetball, il anticipe le mouvement de la balle, développe son coup de poignet et pratique ses coups mordants ; il met l'accent sur l'amélioration de son jeu plutôt que sur la victoire. Il ressent une grande plénitude après les parties.

Il applique le même principe au travail. Même s'il aime bien son emploi, il y a des aspects qui le satisfont moins. Il a donc mis au point une stratégie pour transformer les éléments les plus fastidieux de son travail en jeu. Par exemple, il chronomètre le temps qu'il lui faut pour remplir un formulaire. Puis, il se fixe l'objectif de réduire ce temps d'une minute. Ensuite, il compte combien de tentatives il lui faut pour remplir le formulaire, puis il essaie de réduire ce nombre, pour économiser du temps. Quand il atteint un niveau de rendement qui le satisfait, il crée un nouveau jeu. Il constate souvent à quel point le temps passe vite pendant ces tâches ennuyeuses. En « travaillant » quand il joue et en « jouant » quand il travaille, David profite au maximum de ces deux expériences.

L'équilibre entre le travail et les loisirs vous rend plus productif, plus engagé et plus vivant. Dans la vie, les contrastes engendrent de la vitalité et de la satisfaction. De plus, si vous équilibrez avec succès le travail et les loisirs, vous serez un bon modèle pour vos enfants. Ils imitent plus souvent ce que nous faisons qu'ils écoutent ce que nous disons.

32

Reconnaître l'importance du jeu

Le jeu fait partie de l'existence de tous les animaux, y compris de celle des humains. L'être humain ne joue pas que pour le plaisir ; ce faisant, il apprend des choses sur lui-même et sur le monde.

Par sa nature, le jeu est spontané, agréable, libre et il constitue une fin en soi. Quand on joue, on est attentif à ce que l'on fait pour le plaisir, tout simplement. Le jeu stimule le cerveau, encourage la créativité et accroît la motivation. Il favorise également l'intimité. Quand on joue, on est libre d'être soi-même et d'exprimer ce qu'on ressent. Le jeu constitue le meilleur moyen pour consolider nos relations et nous rapprocher des autres.

Vous avez probablement passé des heures sur le sol avec vos enfants quand ils étaient petits, avec des balles, des blocs ou des toupies. Votre lien avec eux s'est approfondi grâce au jeu. En grandissant, les enfants ne perdent pas le goût du jeu. Le défi est de reconnaître le besoin de jouer dans la vie des enfants, même les plus grands, et de trouver le moyen d'incorporer cet élément à la vie de famille.

Gilles, par exemple, un homme très sérieux, pensait rarement à s'amuser. Il se sentait bien quand il travaillait dur pour atteindre un objectif. Il était préoccupé parce que ses enfants, qui vivaient avec leur mère, n'étaient pas assez disciplinés. Quand ils étaient avec lui, Gilles faisait en sorte qu'ils suivent les règles. Au fil du temps, ses enfants n'avaient plus le même enthousiasme à le visiter, ce que Gilles a perçu. Quand il leur en a parlé, les enfants ont dit qu'ils se sentaient toujours critiqués et que ce n'était pas « amusant » d'être avec lui. Gilles a pris ces remarques à cœur. Il s'est rendu compte qu'il ne se souvenait pas de la dernière fois qu'il avait joué avec eux. Lorsqu'ils sont revenus chez lui, Gilles leur a dit qu'ils pouvaient choisir n'importe quel jeu pour jouer en famille. Après quelques visites aussi amusantes, les enfants ont retrouvé le goût d'aller chez leur père, parce qu'ils savaient qu'il y aurait des moments de jeu. Même Gilles trouvait les fins de semaine beaucoup plus agréables.

Alice, qui a la garde de ses deux petits enfants, avait besoin de reconnaître la valeur du jeu. Elle consacrait beaucoup de temps à des activités « amusantes » : visiter des musées ou des sites historiques, participer à des activités culturelles ou communautaires. Ses enfants étaient également inscrits à plusieurs cours et activités sportives. Un samedi, Alice a dû annuler la longue liste d'activités en raison d'une tempête de neige ; sa famille était confinée à la maison. Alice ne savait pas comment ils allaient survivre un jour entier sans activités. Mais ses enfants ont trouvé au sous-sol une boîte pleine de vieux jouets. Ils ont eu tellement de plaisir qu'Alice a décidé de consacrer une partie de chaque fin de semaine à des jeux spontanés et non structurés, ce que ses enfants ont apprécié tout autant qu'elle.

Le jeu est un aspect essentiel de la vie des enfants. Leur développement se fait également par le jeu.

- Ils améliorent leur développement physique, leur coordination, leurs aptitudes à résoudre des problèmes, leur langage et leur développement cognitif.
- Ils expérimentent leurs compétences en relations humaines.
- Ils acquièrent des connaissances sur eux et sur les autres dans un environnement sécuritaire.
- Ils expriment leurs émotions et apprennent à mieux les gérer.
- Ils trouvent un exutoire pour leur imaginaire, ce qui favorise leur créativité.
- Ils intègrent les normes sociales, découvrent les rôles sociaux et améliorent leur maîtrise de soi.
- Ils apprennent à suivre des règles.

Le jeu vous aide à vous détendre et à être vous-même. Quand les familles jouent, elles ont du plaisir à être ensemble et se rapprochent. Si vous intégrez le jeu à votre vie de famille, tout le monde en retirera des bénéfices.

33

Jouer en famille

Comme parent, vous êtes probablement très conscient de la manière dont vous enseignez, sermonnez, guidez, instruisez et cajolez vos enfants pour qu'ils deviennent des adultes responsables. Cependant, il y a un autre aspect de la vie familiale tout aussi important, mais parfois négligé : le jeu en famille.

Les psychologues du développement nous rapportent que les parents qui jouent élèvent des enfants matures, intelligents, compétents et capables de tisser des relations solides. En participant à des jeux de fiction avec vos enfants, en leur lisant des histoires et en laissant cours à votre imagination, vous favorisez leur créativité et leur succès scolaire. Les jeux physiques, même les jeux de lutte, contribuent au développement social de vos enfants en leur apprenant à mieux gérer leurs émotions et leurs gestes.

Si vous ne savez pas trop quoi faire, laissez vos enfants prendre l'initiative. Ils sont probablement plus à l'aise dans le jeu que vous. Devenez aussi spontané et créatif qu'eux. Quand ils perçoivent que vous êtes sur la même longueur d'onde, ils se sentent mieux et vous vous rapprochez encore plus. En participant aux jeux de vos enfants, vous comprendrez beaucoup mieux ce qui les motive et ce qui les intéresse. Vous serez donc plus sensible à leurs besoins.

Moyens pour renforcer la confiance et l'ouverture entre vous et vos enfants et consolider votre relation par le jeu

- Restreignez les heures de télévision. Le meilleur moyen est d'établir une règle qui s'applique à tous. Vous pouvez discuter des détails lors d'un conseil de famille.
- Consacrez du temps à la planification et à la structuration des périodes de jeu ; les chances de succès augmenteront.
- Trouvez un lieu approprié pour les périodes de jeu et fixez des limites quant aux types de jeu permis, surtout pour les jeux de lutte si populaires auprès des enfants. Quand les limites sont bien définies, les enfants se sentent en sécurité, physiquement et émotionnellement, et il y a moins de risques de blessure.
- N'oubliez pas d'inclure des activités plus calmes. Lisez des histoires à vos enfants ou demandez qu'on vous en lise ; jouez à des jeux qui font appel à l'imagination.
- Soyez souples lorsque vous jouez à des jeux de société. Les enfants plus âgés aiment bien y jouer, mais ils ne sont pas toujours prêts à accepter les règles et leurs conséquences. Dans ce cas, il peut être utile de leur demander s'ils veulent que vous jouiez comme une personne de leur âge ou de votre âge. Ensuite, jouez selon leur désir. La partie sera plus agréable. Vous

pouvez aussi convenir à l'avance que si quelqu'un ne veut plus jouer, la partie cessera.

Jouer quelques minutes chaque jour avec vos enfants peut faire une grande différence dans votre vie familiale. Marc-André, père de deux enfants récemment divorcé, était fier de l'efficacité avec laquelle il conciliait son travail et sa vie de famille. Pourtant, il ne pouvait faire abstraction des visages chagrinés de ses enfants quand il refusait de jouer avec eux après le souper. Finalement, il leur en a parlé. Ses enfants lui ont expliqué que s'il prenait un petit moment pour jouer avec eux, ils se sentiraient mieux. Après quelques jours, il pouvait voir la différence : ses enfants étaient plus heureux, ce qui le comblait de joie.

Si vous avez une attitude enjouée, si vous restez spontané, si vous laissez l'initiative à vos enfants quand c'est possible, si vous êtes créatif, si vous mettez en œuvre des jeux d'ordre physique, si vous vous procurez du matériel de jeu, si vous instaurez des périodes de jeu et des règles réalistes, votre vie de famille prendra tout son sens.

34

Prendre le temps de jouer

En tant que parent seul, vous savez qu'il n'y a jamais assez de temps pour tout faire. Comme vous faites des pieds et des mains pour remplir vos obligations au travail et à la maison, vous sacrifiez probablement le temps consacré au jeu. Cependant, le jeu est important pour le développement de vos enfants, sur le plan physique, cognitif, créatif, expressif, social et linguistique ainsi que pour la qualité de vie de votre famille. On ne peut pas passer outre ou négliger cet aspect.

La famille s'épanouit quand ses membres jouent ensemble. Elle devient plus détendue, plus spontanée et plus aventureuse. Les moments de jeu favorisent la détente. Après avoir joué ensemble, vous vous sentez souvent bien et plus près les uns des autres. Le jeu peut même aider votre famille à devenir plus stable et plus solide.

C'est incontestablement une bonne idée de réserver du temps pour le jeu dans votre routine quotidienne ou hebdomadaire. Ainsi, tous les membres de la famille s'en réjouiront. Ces moments de jeu en famille deviendront un rituel que vos enfants chériront toute leur vie. La période après le souper est souvent le meilleur moment pour jouer puisque la famille est déjà réunie. Jouer à un jeu de société, dessiner ou se lancer la balle pendant une demi-heure permet un rapprochement assuré. Comme ces activités sont amusantes, les enfants les apprécient. En sachant qu'ils auront ce moment privilégié avec vous tous les soirs, ils vivent mieux l'anxiété qu'ils peuvent ressentir lorsqu'ils sont loin de vous. Finalement, cette période de jeu permet parfois de résoudre les difficultés qui surviennent au moment de la transition vers les activités de la soirée : les devoirs et le coucher.

Il peut être difficile d'intégrer des moments de jeu à votre horaire, mais cela en vaut la peine. Annick, par exemple, a dû faire plusieurs modifications à son emploi du temps pour y intégrer une heure de jeu. D'abord, elle a demandé à ses enfants de se limiter à une seule activité parascolaire par semaine. Ensuite, même si elle adore cuisiner, elle a planifié des repas faciles à préparer. Cela lui a permis de libérer une période d'une heure, deux soirs par semaine avant le coucher, pour que la famille joue ou lise ensemble. Ses enfants ont accepté de se mettre en pyjama plus tôt et ils ont convenu de ne pas répondre au téléphone pendant cette heure. Toute la famille savourait ces moments de jeu. Annick a remarqué qu'il y avait moins de conflits et plus de coopération.

Il faut également être à l'affût des occasions spontanées de jeu chaque jour. Julie, par exemple, n'arrivait pas à intégrer une heure de jeu à son horaire. Elle a donc acheté une série de jouets et de jeux simples ainsi que des jeux de cartes, du papier, des crayons et de la pâte à modeler. Ainsi, elle était prête à jouer dès que ses enfants en émettaient le souhait. De plus, elle les incitait à jouer avec elle à des jeux faisant appel aux mots ou à l'imaginaire pendant qu'ils faisaient d'autres activités, sur le chemin du supermarché ou dans la salle d'attente du médecin, par exemple.

Soyez réaliste par rapport aux contraintes de temps et au tempérament de votre famille, mais soyez aussi créatif. Une période réservée au jeu chaque semaine peut faire la différence entre une famille qui se querelle et une famille unie. Le jeu transforme le quotidien.

35

Réserver un moment pour jouer avec chaque enfant

Les enfants se sentent exceptionnels quand ils sont seuls avec un parent, et ce sentiment positif contribue à l'harmonie familiale. Quand ils jouissent de toute votre attention sans interruption, vos enfants se sentent rassurés à propos de leur relation avec vous. Pour matérialiser ces tête-à-tête, il suffit de *réserver un moment* pour jouer avec chacun d'eux. Ils apprendront à exprimer ce qu'ils ressentent, à se sentir plus en maîtrise et à résoudre les problèmes dans leurs relations avec vous et les autres, grâce à cette période de jeu privilégiée. Quand votre enfant joue seul avec vous, cela vous rapproche et consolide son sentiment de sécurité. De votre côté, vous vous sentez bien, car vous êtes plus près de lui, vous le comprenez mieux et vous bâtissez une relation empreinte de confiance.

Ces moments de jeu en tête-à-tête deviennent précieux pour vous et votre enfant. Leurs principaux avantages, c'est qu'ils développent les compétences de chaque enfant et vous rapprochent. Il vous faudra de la planification pour intégrer des périodes de jeu en famille et en tête-à-tête chaque semaine, mais vous serez récompensé au centuple par l'épanouissement de votre famille après quelque temps.

Conseils pour organiser des périodes de jeu en tête-à-tête

- N'oubliez pas de faire participer vos enfants à toutes les décisions. Commencez par leur demander s'ils veulent jouer seul avec vous. Ensuite, entendez-vous sur un endroit pour jouer. Il faut que ce soit une pièce où ils se sentent à l'aise et où vous n'aurez pas à imposer trop de restrictions quant à leur sécurité.
- Procurez-vous des jouets réservés à ces périodes de jeu en tête-à-tête. Choisissez des jouets qui invitent au jeu spontané, comme des crayons et de la pâte à modeler.
- Réservez un moment précis chaque semaine à ces jeux en tête-à-tête. Une période d'une demi-heure serait idéale, mais votre enfant appréciera chaque minute que vous pourrez lui consacrer.
- Gardez les règles au minimum. Les seules règles nécessaires concernent la sécurité, le confort et la durée.
- Quand vous devez faire respecter une règle, donnez quelques chances à votre enfant avant d'arrêter le jeu. Si vous devez mettre un terme au jeu, précisez à l'enfant que vous jouerez à nouveau avec lui à la même heure la semaine suivante.
- Dites à votre enfant dès le début combien de temps vous passerez avec lui et rappelez-lui souvent le temps qu'il reste. (« Il ne reste qu'une minute au jeu. »)
- Au lieu de bombarder votre enfant de questions, laissez-le mener le jeu. Ce n'est pas le moment de le diriger ou de lui

enseigner des choses. Laissez-le plutôt choisir le jeu et établir les règles.

- Quand les enfants grandissent, vous pouvez choisir des activités à l'extérieur, comme le cinéma, les visites au musée ou la randonnée.

Lisa a décidé de jouer quinze minutes chaque jour avec l'un ou l'autre de ses deux enfants. Les enfants ont accepté de mettre leur pyjama, de se brosser les dents et de finir leurs devoirs pendant que l'autre jouait avec Lisa. Ils ont également convenu d'acheter des jouets réservés à ces périodes de tête-à-tête. Ils ont choisi un coin spacieux et sécuritaire au sous-sol. Lisa leur a rappelé les consignes de sécurité en mentionnant que c'était les seules restrictions. Quel plaisir elle a eu ! Elle n'arrivait pas à croire que quinze petites minutes suffisaient pour se rapprocher autant de chacun de ses enfants.

Elle a également découvert qu'elle était beaucoup plus réceptive aux besoins de ses enfants. Quant à eux, ils chérissaient ce moment. De plus, leurs relations avec leurs amis ainsi que leurs résultats scolaires se sont améliorés.

Après quelques semaines, Lisa se sentait plus enjouée. Interrogez-vous sur votre aptitude à éprouver de la gaieté. Aimez-vous avoir du plaisir ? Plus vous aurez du plaisir, plus vos enfants vous imiteront. Cela aura une influence sur leur façon de jouer avec leurs frères et sœurs, leurs amis et leurs camarades de classe.

36

Célébrer les fêtes et d'autres occasions

Les fêtes et les autres rituels familiaux donnent du sens, de la sécurité et de la stabilité à la vie familiale. Dans les périodes de transition, ces célébrations contribuent à maintenir un sentiment d'union et de continuité quand tout le reste semble en proie au changement. En célébrant les fêtes religieuses, nationales ou personnelles (comme les anniversaires), on souligne notre appartenance aux divers groupes qui forgent notre identité.

Les enfants qui vivent dans une famille monoparentale célèbrent souvent les fêtes avec chacun de leurs parents. La planification et la logistique de ces célébrations peuvent être compliquées. Deux facteurs peuvent faciliter ce processus souvent difficile : la coopération des parents qui agissent dans le meilleur intérêt des enfants et la participation des enfants à la prise de décision.

Pour coopérer avec votre ex-conjoint ou ex-conjointe, rappelez-vous la signification qu'ont ces fêtes pour les enfants. Ils ont hâte de rompre la routine et de passer du temps avec ceux qu'ils aiment. Vous voulez sans aucun doute qu'ils profitent de la joie, du soutien et du sentiment d'identité qu'ils retirent de ces expériences. Quand les deux parents réussissent à élaborer un horaire agréable et juste, tout le monde en sort gagnant. Essayez d'être créatif dans la recherche de solutions. Si vos enfants passent l'Action de grâce en alternance chez vous et chez votre ex-conjoint ou ex-conjointe, rien ne vous empêche de célébrer cette fête un autre jour lorsque ce n'est pas votre tour. En s'adaptant ainsi, les parents coopèrent pour que les enfants puissent profiter au maximum des fêtes et pour que personne ne se sente lésé.

Il ne faut pas oublier non plus d'inclure les enfants dans la prise de décision. Issue d'une famille très religieuse, Lyne croyait sincèrement que sa foi en Dieu l'avait aidée à surmonter les adversités de la vie – en particulier son divorce. Quand elle a dû déménager avec ses enfants, une de ses priorités était de trouver une église qui plairait à toute la famille.

Lyne et ses enfants ont visité plusieurs églises, ils ont assisté à quelques services religieux et ils se sont renseignés sur divers programmes. Ensuite, ils ont discuté de leurs impressions et ont choisi une église. Ainsi, les enfants ont senti que leur contribution comptait et ils avaient hâte de fréquenter l'église. Leur enthousiasme et la structure de la communauté religieuse ont été d'un grand secours pour Lyne, en particulier quand il y avait des fêtes religieuses. Au lieu d'avoir à créer seule de nouveaux rituels pour sa famille, elle a fait appel aux ressources de l'église et aux personnes qu'elle y a rencontrées. Lorsque les enfants ne passaient pas une fête religieuse avec elle, Lyne pouvait la célébrer à l'église avec ses nouveaux amis.

Anne-Marie n'avait pas la même perspective parce qu'elle ne venait pas d'une famille religieuse. Cependant, elle reconnaissait l'importance des célébrations et des rituels. Elle était particulièrement enthousiaste à l'idée de célébrer les anniversaires de la famille. Après son divorce, elle a maintenu cette tradition et l'a même poussée plus loin. Chaque mois, ses enfants et elle choisissaient une personne ou un événement à célébrer. Ces choix devaient être importants pour au moins un membre de la famille. Ils convenaient d'un rituel spécial chaque fois et invitaient des amis et des parents à célébrer avec eux. Ils aimaient beaucoup organiser ces fêtes. Quand Anne-Marie et ses enfants ne pouvaient pas être ensemble pour une fête importante, ils pouvaient se rattraper lors d'une célébration familiale.

La célébration des fêtes et d'autres occasions est fondamentale à la vie de famille. Imaginez des fêtes qui célèbrent l'unité et la continuité de votre famille. Ce sont des moments que vos enfants chériront toute leur vie.

37

Envisager une nouvelle relation

Si vous venez de devenir chef d'une famille monoparentale, vous vous êtes probablement rendu compte que la plus grande part de votre énergie et de votre motivation est centrée sur vos enfants. Tous vos efforts visent à leur fournir un foyer accueillant, à les aider dans leurs travaux scolaires et leurs activités ainsi qu'à gagner assez d'argent pour que votre famille ne manque de rien. Il peut être difficile d'imaginer avoir le temps – encore moins l'énergie et le désir – d'envisager une nouvelle relation amoureuse. Cependant, avec le temps, la plupart des gens ressentent le besoin de partager leur vie avec quelqu'un.

N'oubliez pas que si vous êtes prêts à mener une vie sociale plus active, vos enfants ne le sont peut-être pas. Comme vous l'avez sans doute remarqué, les enfants sont plus dépendants et plus inquiets après une séparation ou un divorce. Ils peuvent avoir besoin de toute votre attention et se sentir nerveux lorsqu'ils ne sont pas inclus dans vos activités. Vous vous êtes probablement donné bien du mal pour leur donner toute l'attention dont ils ont besoin. La décision de fréquenter quelqu'un ne remet pas cela en question. En fait, vos enfants auront besoin que vous leur expliquiez, en des termes à leur portée, ce que vous pensez et ressentez. Vos enfants sentiront que vous les considérez si vous leur faites part de vos sentiments et ils s'ajusteront probablement plus facilement aux changements que vous vivez. Ils accepteront mieux cette nouvelle étape dans votre relation avec eux si vous êtes franc.

Pascale a eu de la difficulté à entrer en relation après son divorce douloureux. Un jour, à une fête de famille, son frère a invité un ami qui venait de divorcer. Au début, elle était fâchée contre son frère, mais elle s'est aperçue qu'elle avait beaucoup de points communs avec cet homme. Quand il lui a demandé s'il pouvait l'appeler, elle lui a donné son numéro spontanément. Ses enfants, qui l'avaient vue avec lui à la fête, posaient toutes sortes de questions à son sujet. Elle a été franche et leur a avoué son insécurité devant cette nouvelle situation, mais elle a ajouté que même si c'était un sujet personnel, elle les tiendrait informés. Ils se sont sentis rassurés, mais elle savait qu'ils auraient d'autres questions.

Recommandations pour ceux qui envisagent une nouvelle relation

- ❖ Agissez avec précaution. Vous êtes peut-être encore trop fragile pour vous engager dans une relation sérieuse.
- ❖ Soyez franc et honnête avec vos enfants. Ils peuvent facilement se faire des idées ou des attentes irréalistes.
- ❖ Séparez vos rendez-vous de vos activités familiales.

- Essayez de prévoir vos rendez-vous à des moments où vos enfants ont des activités.
- Si vous faites garder vos enfants, prévoyez une sortie plus courte pour votre premier rendez-vous et augmentez graduellement la durée des sorties. Par exemple, allez prendre un café au lieu d'un repas la première fois.
- Trouvez des moyens de faire plaisir à vos enfants quand vous avez un rendez-vous. Par exemple, permettez-leur d'avoir de la crème glacée au dessert ou de se coucher plus tard.
- Rappelez-leur à quel point il est important que chaque membre de la famille ait une activité sans les autres. Quand les membres de la famille respectent les intérêts et les activités des autres, la qualité des relations s'améliore.
- Si une relation devient sérieuse, rappelez-vous de tenir compte de vos sentiments comme de ceux de vos enfants avant de prendre des décisions importantes.

Envisager une nouvelle relation après un divorce est une étape marquante. Vos sentiments et vos besoins sont aussi importants que ceux de vos enfants. Vous prendrez soin de vos enfants avec plus de liberté et d'amour si vous sentez que quelqu'un prend soin de vous.

38

Planifier des loisirs avec d'autres personnes

Nous avons déjà examiné les bienfaits du jeu et sa contribution à la cohésion de la famille. Toutefois, trouver des activités amusantes, les planifier et les organiser peut être épuisant. Plus vous ressentez de la pression, moins vous aurez envie de jouer.

Voilà pourquoi l'idée de planifier des activités avec d'autres familles, surtout si les enfants ont le même âge, est si attrayante. Cette initiative élargit les horizons et vous permet d'être plus créatif et plus souple. Mettre des ressources en commun et planifier des loisirs avec une autre famille allègent également le fardeau émotionnel, physique et financier qui vous incombe. Vous pouvez tirer avantage de possibilités qui ne se présenteraient pas autrement. À titre d'exemple, si vos amis ont un chalet au bord d'un lac et que vous avez un chalet de ski, vous pourriez passer les vacances ensemble. Quand on partage nos loisirs avec une autre famille, on se rapproche, on apprend à se faire confiance et on se soutient mutuellement. Sans oublier que c'est plus amusant !

La famille de Nicole a toujours aimé faire du camping. Toutefois, après son divorce, elle était réticente à l'idée d'y aller seule avec ses enfants, de six et dix ans. Elle avait toujours compté sur son ex-mari pour partager les tâches. La perspective de monter la tente, de faire le feu et de cuisiner seule ne l'enchantait guère. De plus, elle craignait d'être trop fatiguée pour s'amuser avec ses enfants et bien les superviser. En résumé, le camping ne rimait plus avec plaisir. Un jour, elle a remarqué une affiche à la librairie qui faisait la promotion d'un club de plein air familial. Elle a appris que le groupe se rencontrait une fois par mois – avec les enfants – pour planifier des voyages ensemble. La famille de Nicole s'est jointe au groupe, et ses enfants se sont faits de nouveaux amis. Nicole a constaté avec joie que des membres partageaient son intérêt pour les questions environnementales. En plus d'attendre avec impatience chaque réunion du club, chacun des membres de la famille a noué des amitiés sincères. Nicole se réjouissait de voir comment sa famille s'était épanouie au contact d'autres familles.

Si vous avez envie de faire des activités avec d'autres familles, il y a plusieurs avenues possibles :

- les organisations que vous fréquentez déjà, comme un groupe religieux ou une association de parents à l'école ;
- les organismes communautaires, comme les bibliothèques ou le YMCA ;
- les groupes d'entraide pour parents seuls ;
- les associations de citoyens ;
- les clubs et les associations des anciens.

Vous pouvez également trouver des occasions de manière informelle, auprès des parents des enfants qui jouent avec les vôtres. Vous les avez probablement déjà rencontrés quand vous êtes allé reconduire vos enfants ou les chercher, ou encore lors d'une activité scolaire. Essayez de cultiver l'amitié de ceux avec qui vous êtes le plus à l'aise pour voir si vous avez des intérêts communs. Vous pouvez ensuite suggérer de passer un après-midi avec eux. Si cela se passe bien, vous pourriez aller en excursion et, éventuellement, passer vos vacances avec eux. Il vaut mieux commencer lentement et augmenter graduellement la durée de vos rencontres pour éviter les conflits et vous assurer que vous êtes faits pour vous entendre.

Vous pouvez faire la même chose avec des membres de votre famille élargie.

Cependant, il ne faut pas oublier d'équilibrer ces activités en groupe et les activités de votre famille. Les membres de votre famille ont besoin de se retrouver à l'occasion. Les activités de groupe ne sont pas là pour remplacer les périodes de jeu en famille, mais elles enrichissent votre vie.

En faisant des activités avec d'autres, vous vous sentirez moins isolé et plus engagé dans le monde. Essayez-le !

PARTIE 4

La bonne entente

39

Trouver un terrain d'entente

L'ouverture et la confiance sont essentielles pour trouver un terrain d'entente. Il y a probablement plus de sujets d'entente que vous ne le croyez entre vous et vos enfants. Après tout, vous êtes leur modèle, ce qui signifie qu'ils adoptent vos valeurs, consciemment ou non. En même temps, comme ils vous aiment, ils veulent vous faire plaisir, même s'ils sont parfois très rebelles. Cette pensée peut vous aider à mettre fin à bien des disputes en vous rendant plus patient, puisque vous savez que leur entêtement ne vise pas réellement à vous remettre en question.

Vous trouverez plus facilement un terrain d'entente avec vos enfants si vous faites preuve d'acceptation. Accepter ne veut pas dire capituler ; vous *acceptez* en fait ce que la personne dit et pense. Si vous faites preuve d'acceptation, vos enfants se sentiront valorisés et ce sera plus facile de vous entendre avec eux.

Julien, le fils de Danielle, a toujours eu de bonnes notes. En cinquième année, son enseignante a annoncé à Danielle qu'elle était préoccupée parce que les résultats scolaires de Julien ne reflétaient pas ses capacités. Quand Danielle en a parlé à Julien, il s'est fâché et il a adopté une attitude défensive. Elle lui a dit que son mécontentement l'inquiétait, mais qu'elle croyait qu'ils trouveraient une solution ensemble. Comme il ne répondait pas, elle lui a demandé d'y réfléchir et de lui dire quand il serait prêt à parler. Une heure plus tard, à la surprise de Danielle, Julien a dit: «Je déteste l'école, maman. Mon enseignante est méchante avec moi.» Il a expliqué qu'il s'ennuyait et qu'il avait des problèmes avec l'enseignante parce qu'il perturbait la classe. Sa mère lui a précisé qu'elle était très contente de connaître ses raisons et qu'ils allaient trouver une façon de changer la situation. Ils sont donc allés voir l'enseignante de Julien ensemble. Elle a suggéré que Julien pourrait travailler sur un projet personnel intéressant quand il s'ennuie. Danielle a ajouté qu'elle était très fière de Julien et qu'elle savait qu'il lui demanderait de l'aide si c'était nécessaire. Son acceptation et sa confiance ont amené Julien à se sentir plus en confiance, ce qui leur a permis de trouver un terrain d'entente.

Suggestions pour trouver un terrain d'entente

- Faites preuve de plus d'acceptation. Admettez que les autres ont droit à leurs opinions et à leurs sentiments, même si vous êtes tout à fait contre. Efforcez-vous de conserver cette attitude.
- Exercez-vous à reconnaître le point de vue de l'autre avant de réagir. Si votre fille de douze ans veut rentrer plus tard, vous aurez envie de lui dire: «Désolé, mais minuit, c'est trop tard.» Cependant, vous trouverez plus facilement un terrain d'entente

si vous reconnaissez le point de vue de votre fille en disant: «Tu veux rester plus tard, parce que c'est une soirée spéciale.»

- Assumez la responsabilité de ce que vous voulez dire. Parlez de ce qui motive vos sentiments au lieu de lui dire quoi faire. Ne dites pas: «Minuit, c'est trop tard pour toi.» Donnez plutôt des explications à votre fille: «Je crains que tu ne dormes pas assez si tu te couches si tard.» Essayez de mettre l'accent sur les éléments positifs de votre relation: «Je te fais confiance. C'est pourquoi je veux mettre les choses au clair.»
- Acceptez le fait que des divergences sont inévitables, peu importe vos efforts. Si vous ne trouvez pas de terrain d'entente, rappelez à vos enfants qu'il est important pour vous de continuer à en chercher un.

En acceptant les autres, en étant franc, en assumant la responsabilité de ce que vous voulez dire, en respectant les sentiments et les pensées des autres et en reconnaissant que les divergences sont inévitables, vous établirez petit à petit la confiance nécessaire pour que la bonne entente règne dans votre famille.

40

Apprendre à accepter les différences

Il n'y a pas deux enfants pareils dans une même famille. Chaque individu naît dans une famille différente de celle de ses frères et sœurs. Il ne reçoit pas la même somme d'attention et il est façonné par des forces hors de son contrôle. Cependant, le facteur le plus déterminant dans les différences entre les frères et les sœurs est le tempérament. Le tempérament, qui est la façon d'aborder le monde, ne change généralement pas avec le temps. Par exemple, certains aiment se retrouver dans de nouvelles situations, alors que d'autres les fuient. Certains parlent beaucoup, alors que d'autres préfèrent le silence. Certains sont facilement distraits, alors que d'autres peuvent se concentrer des heures durant. Ce sont ces différences de tempérament qui font notre unicité. Pour qu'il y ait une bonne entente dans la famille, il faut apprendre à accepter ces différences.

Accepter les différences n'est pas une chose simple. On comprend les autres à travers notre filtre personnel. C'est facile de présumer que si quelque chose a du sens pour nous, ce sera la même chose pour les autres. Et c'est très frustrant quand cela ne se concrétise pas, comme Fanny s'en est rendu compte. Elle a toujours essayé de composer avec les différences entre ses deux enfants, Virginie et Victor, en mettant l'accent sur « l'équité ». Comme Virginie avait deux ans de plus que son frère, elle avait des privilèges et des responsabilités qu'il n'aurait que plus tard. Il semblait équitable, par exemple, que Virginie se couche plus tard que son petit frère. Toutefois, Virginie, une enfant matinale, s'endormait toujours avant Victor, qui était un oiseau de nuit. Après avoir essayé pendant des semaines de coucher son fils plus tôt que ne le voulait son métabolisme, Fanny a abandonné. Lors d'un conseil de famille, elle a dit à ses enfants : « Si on adopte des règles, il faut qu'elles aient un sens. On doit accepter les différences de chacun et définir la meilleure stratégie.» En comprenant que les règles familiales devaient être déterminées par le tempérament plutôt que par une notion abstraite comme l'équité, Fanny a amélioré le climat émotionnel de la maisonnée.

Marie-Claude voulait que ses enfants mangent bien pour qu'ils soient en bonne santé. Elle leur préparait des légumes frais à tous les repas. Mais sa fille Kim ne mangeait que des sandwichs au beurre d'arachide ou à la confiture et des hot dogs. Les repas étaient une source perpétuelle de conflits. Finalement, Marie-Claude a compris qu'elle ne pouvait plus ignorer la véhémence de Kim. En lisant sur l'alimentation des enfants et en parlant à des nutritionnistes, elle a appris que les papilles gustatives des enfants sont immatures ; autrement dit, certains aliments que Marie-Claude trouvait savoureux n'avaient pas bon goût pour sa fille. Marie-Claude a appris à mieux accepter les goûts alimentaires de Kim. Elle a continué à lui offrir des légumes à tous les repas, mais elle restait calme quand Kim ne voulait pas en manger et elle lui permettait de manger autre chose. Marie-Claude se rassurait en sachant que les goûts de sa fille allaient évoluer.

Recommandations pour mieux accepter vos enfants

- Ne jugez pas.
- Efforcez-vous de découvrir ce qui les motive.
- S'ils sont très émotifs, il y a fort à parier que les enfants réagissent en raison d'une particularité de leur tempérament que vous ne devriez pas ignorer.
- Rappelez-vous que les enfants sont toujours en développement et qu'ils changent avec le temps.

Vous avez tellement investi dans vos enfants que l'acceptation sincère de la façon qu'a chaque enfant de réagir peut être réellement difficile. Toutefois, c'est un des plus beaux cadeaux que vous pouvez leur faire, surtout si vous avez appris à accepter les autres en vous acceptant.

41

Soyez souple

Il y a peu de situations dans la vie aussi stressante qu'une séparation, un divorce ou les circonstances qui ont fait de vous un parent seul. Ce qui vous a probablement sauvé, c'est votre capacité à encaisser les coups, à retrouver votre énergie et à vous atteler aux tâches qui vous incombaient. Autrement dit, votre souplesse a été et continue d'être une ressource vitale. Comme parent seul, vous devez vous attendre à ce que le changement soit une constante dans la vie de votre famille. Votre souplesse vous donne la confiance nécessaire pour faire face à ces changements et pour trouver des solutions.

Claudine comprend bien cette nécessité. Quand elle a découvert qu'elle était enceinte, elle savait qu'elle ne voulait pas épouser le père de l'enfant. Elle vivait seule depuis un bon moment et elle avait une grande confiance en ses capacités. Elle avait un bon réseau d'amis, et sa famille lui était d'un grand soutien. Toutefois, il était important pour elle que le père de l'enfant soit présent dans sa vie. Cela n'a pas été facile de définir les modalités de leur entente, mais elle a bien apprécié la participation du père depuis la naissance de son fils.

Aujourd'hui, son fils Justin est en première année ; elle se rend compte du nombre élevé de changements qui ont été nécessaires pour en arriver là. Au début, quand Justin allait chez son père, c'était une véritable torture d'être séparée de lui. Elle aurait pu être inflexible et empêcher son père de le voir. Cependant, elle est restée ouverte et souple, parce qu'elle savait à quel point la relation de son fils avec son père était importante. Claudine est fière de la manière dont elle a composé avec le changement. Elle ne ressasse pas les choses du passé et elle ne blâme ni les autres ni les circonstances pour les difficultés qu'elle a éprouvées. Elle assume ses décisions, même celles qui n'ont pas donné les résultats escomptés. Cette souplesse lui permet d'envisager des solutions de rechange quand la situation semble sans issue.

Tout comme vous devez vous entraîner pour que vos muscles, vos ligaments et vos os restent souples, vous devez également travailler votre souplesse mentale et émotionnelle. (En fait, la souplesse physique peut favoriser la souplesse mentale et émotionnelle.)

Suggestions à mettre en pratique régulièrement

- Vivez au présent, ne ressassez pas le passé.
- Acceptez les erreurs que vous avez commises. En ruminant vos erreurs, vous vous enliserez et deviendrez plus rigide.
- Concentrez-vous sur vos réalisations. En mettant l'accent sur les éléments positifs, vous renforcez votre souplesse mentale et émotionnelle.

- Faites un pas à la fois.
- Ne laissez pas vos objectifs futurs passer avant ce qui doit être fait maintenant.
- Assumez la responsabilité de ce que vous pouvez maîtriser et lâchez prise sur le reste.
- Pour favoriser la souplesse mentale et émotionnelle, agissez en ayant à l'esprit vos objectifs futurs.
- Modifiez périodiquement votre routine ou la manière dont vous faites les choses pour rester souple.
- Veillez à inclure des activités de relaxation et de gestion du stress dans votre horaire.

La souplesse est primordiale dans votre relation avec vos enfants. Comme ils grandissent et changent rapidement, ils sont probablement plus souples que vous. Plus vous resterez souple pour suivre leur rythme, moins vos relations seront stressantes.

Négocier des limites claires

Les relations sont moins tendues lorsque les limites sont claires. Les limites font référence aux lignes imaginaires qui nous distinguent des autres, que ce soit un individu au sein d'une famille, une famille au sein de la société, la famille nucléaire par rapport à la famille d'origine et à la famille élargie, etc. Les limites peuvent également faire référence aux distinctions hiérarchiques ou générationnelles, telles que la distinction entre les parents et les enfants.

Parfois, lorsqu'il s'avère difficile de maintenir des limites claires, c'est que notre besoin d'être en relation étroite avec les autres entre souvent en conflit avec notre désir d'indépendance et de maîtrise. La négociation des limites est un processus dans lequel on est engagé de manière quasi constante.

Les efforts de Nathalie pour établir une routine du coucher avec ses enfants, Juliette et Émile, illustrent bien ce fait. Quand Isabelle s'est retrouvée seule avec ses enfants, elle voulait faire tout son possible pour leur faire plaisir. Elle se sentait triste de les voir si malheureux après sa séparation. Elle était également dépassée par son rôle de mère seule. C'est pourquoi elle avait du mal à respecter un horaire fixe lors du coucher de ses enfants. Certains soirs, elle voulait qu'ils soient au lit à vingt heures, d'autres soirs, elle les laissait regarder la télévision jusqu'à vingt-deux heures. Elle s'est vite rendu compte qu'elle avait perdu la maîtrise de cet aspect de la vie familiale, et tout ce qu'elle faisait pour y remédier ne fonctionnait pas.

Après avoir assisté à un atelier sur la discipline parentale, elle a compris qu'elle devait faire preuve de plus de constance. Elle a élaboré une routine du coucher avec ses enfants en structurant des limites. Elle a veillé à respecter les tendances naturelles de ses enfants. Elle les a consultés pour s'assurer qu'ils acceptent ces règles familiales. Comme renforcement positif, elle a décidé de passer un moment privilégié avec chacun d'eux avant qu'ils aillent au lit. Elle s'est sentie beaucoup mieux après avoir négocié des limites claires avec ses enfants.

Quand les limites sont claires et respectées, on est libre de faire des choix dans le cadre de ces limites et on se sent plus autonome. Le degré d'autonomie dont on dispose est proportionnel au degré d'intimité et de stabilité de nos relations ; cette proximité ne peut s'atteindre sans des limites précises.

Matière à réflexion

❖ Il est important d'accepter le fait que chacun de nous a droit à ses pensées et à ses sentiments. Quand vous êtes réceptif aux sentiments des autres et que vous assumez les vôtres, les limites restent claires.

- Plus les limites sont explicites, plus les relations s'améliorent. Quand deux personnes s'entendent sur les limites, elles donnent leur parole. Quand on ne parle pas ouvertement de ces ententes, les relations sont souvent plus ardues, parce qu'on ne sait pas ce qu'on attend de nous. On est plus vulnérable et plus facilement blessé s'il y a un conflit. C'est plus difficile de se sentir en sécurité quand les limites ne sont pas claires.

Il arrive que la construction d'une clôture améliore nos relations avec les voisins. Rappelez-vous cela quand vous négocierez des limites. Plus les règles sont claires, plus elles sont faciles à comprendre pour tous, plus les limites sont strictes. Paradoxalement, cela rapproche les gens, car tous savent à quoi s'attendre et se sentent donc plus confiants et plus ouverts.

43

Être réaliste quant aux règles

Les règles sont une sorte de limite. Ce sont des ententes qu'on établit pour définir nos rapports et respecter l'autonomie de chacun. Cependant, ces règles doivent être réalistes et souples, surtout dans une famille monoparentale. Si vous êtes séparé de l'autre parent des enfants, efforcez-vous de conserver les règles qui prévalaient auparavant. Si les règles doivent changer, veillez à en discuter avec vos enfants. Quand on leur demande leur opinion, ils se sentent respectés. Ils deviennent alors plus coopératifs qu'ils ne l'auraient été si les règles leur avaient été imposées.

Paul a toujours cru qu'il fallait s'entendre sur les règles de la maisonnée avec ses enfants d'âge scolaire. Son père était très autoritaire, et Paul s'était juré de ne pas lui ressembler. À titre d'exemple, la règle familiale sur l'heure du souper devait être changée. Les fins de semaine où il avait les enfants, ils ne pouvaient plus manger à dix-huit heures, parce que Paul devait aller chercher les enfants à leurs activités et préparer le repas. Au cours d'un conseil de famille, ils se sont mis d'accord pour décider d'une heure réaliste pour les soupers des fins de semaine. Cette nouvelle règle plus flexible a rendu les visites des enfants beaucoup moins stressantes pour tout le monde.

Éléments à considérer pour établir des règles

- Ayez le moins de règles possible. Généralement, six ou sept suffisent pour créer un contexte de respect mutuel et répondre aux besoins fondamentaux de sécurité et de logistique. S'il y en a trop, les enfants seront dépassés et ils n'y prêteront pas attention. De plus, cela deviendra un poids pour vous de réagir constamment à leur violation.
- Avant d'établir une règle, demandez-vous si elle est nécessaire.
- Quand vous établissez une règle, assurez-vous :

  A. d'en discuter d'abord avec vos enfants ;

  B. de veiller à ce qu'elle soit réaliste et qu'elle convienne au fonctionnement de votre famille ;

  C. de la formuler en des termes précis pour que les enfants la comprennent mieux. Par exemple, dites : « Les jouets doivent être dans le coffre à jouets à dix-huit heures » au lieu de « Rangez votre chambre ».
- Si une règle ne fonctionne pas, réévaluez votre objectif et restructurez la règle. Par exemple, vous avez peut-être décidé que les enfants devaient se coucher à vingt heures trente, mais s'ils ne sont pas fatigués avant vingt et une heures, vous ouvrez la porte à une bataille constante inutilement. Changez l'heure du coucher, vous éliminerez ainsi des disputes et la nécessité d'établir d'autres règles.
- Donnez à vos enfants assez de temps pour s'adapter à une nouvelle règle avant de parler des conséquences qu'il y aura

s'ils l'enfreignent. Les trois types de conséquences ci-après apparaissent par ordre d'efficacité.

A. Les conséquences naturelles surviennent d'elles-mêmes. Par exemple, si un enfant laisse traîner un jouet sur le plancher et qu'il se brise, vous pouvez expliquer que c'est ce qui arrive quand on ne range pas les jouets.

B. Les conséquences logiques ont un rapport avec la règle qui a été enfreinte. Si votre enfant laisse traîner un jouet, vous pouvez lui dire qu'il ne pourra pas jouer avec ce jouet pendant une journée.

C. Les conséquences sans lien, qui n'ont rien à voir ou peu à voir avec la règle enfreinte. Vous pouvez dire, par exemple, que si les jouets ne sont pas rangés, les enfants ne pourront pas regarder la télévision après le repas.

Surtout, rappelez-vous que l'organisation familiale fonctionne mieux lorsque les besoins et les points de vue de tous sont respectés. Il faut s'entendre sur les règles qui régissent notre existence, sinon on vit dans le chaos et l'insécurité.

44

Exercer votre pouvoir d'une manière constructive

Tous les êtres humains ont le pouvoir d'agir et de régir leurs actions. L'étendue du pouvoir que nous exerçons sur les autres est variable. Souvent, l'autorité ou l'influence est déterminée socialement : si vous êtes le parent ou le patron d'une personne, vous pouvez exercer du pouvoir.

Cependant, votre plus grande source de pouvoir sur les autres, en tant que parent par exemple, est liée à l'importance que vous avez pour eux et à celle qu'ils ont pour vous. Ce pouvoir dépend de la qualité de la relation et du degré de confiance que vous avez établis. Exercer le pouvoir de manière constructive signifie que vous agissez de façon à maintenir ou à améliorer la confiance dans la relation ainsi que sa qualité.

C'est facile d'abuser de votre pouvoir, particulièrement si vous êtes stressé. Geneviève, par exemple, s'est aperçue qu'elle devenait très impatiente avec Alicia, sa fille de quatre ans. Depuis le divorce, Alicia refusait systématiquement d'aller se coucher à vingt heures, comme convenu. Ne sachant plus à quel saint se vouer, Geneviève s'est servie du pouvoir qu'elle avait, en menaçant sa fille de lui retirer le droit de regarder la télévision et de la coucher plus tôt.

Ce durcissement ne faisait que rendre le reste de la soirée et la journée du lendemain pénibles pour elles. Pire encore, Geneviève se repliait sur elle-même et devenait angoissée.

Peu à peu, Geneviève a compris qu'elle ne pensait qu'à son besoin d'être seule quelques heures et ne tenait pas compte des sentiments d'Alicia, qui était encore bouleversée par le divorce. Geneviève a décidé de parler à Alicia de ce qu'elle ressentait. Ensemble, elles ont instauré une routine. Maintenant, quand Alicia a mis son pyjama et qu'elle s'est brossé les dents, elles jouent ensemble ou lisent une histoire jusqu'à vingt heures trente. Si Alicia a du mal à s'endormir, Geneviève accepte de rester avec elle, mais seulement cinq minutes. Ensuite, elle éteint la lumière. En exerçant son pouvoir de manière constructive, Geneviève a amélioré la qualité de sa relation, et le sentiment d'insécurité d'Alicia s'est apaisé.

Principes à retenir

- Comme parent, vous avez le pouvoir d'organiser le quotidien et d'assurer la sécurité de chacun.
- Le pouvoir n'est pas à sens unique. Il dépend du degré de respect et de confiance présent dans la relation.
- Vous faites le meilleur usage de votre pouvoir lorsque votre objectif est de créer un environnement sécuritaire et stimulant pour tous les membres de la famille.
- Exercez votre pouvoir avec modération : pour que la maisonnée fonctionne bien et pour répondre à vos besoins.

Vous exercez votre pouvoir de manière constructive quand :

- vous croyez en vos positions ou en vos attentes ;
- vous veillez à ce que vos positions ou vos attentes soient réalistes ;
- vous formulez clairement vos positions ou vos attentes ;
- vous acceptez que vos enfants ne les apprécient pas ou ne soient pas d'accord avec elles ;
- vous êtes patient s'ils protestent ou s'ils sont irrespectueux en exprimant leur désaccord ;
- vous vous abstenez de réagir de manière défensive en abusant de votre pouvoir lorsqu'ils protestent ;
- vous maintenez votre position en reformulant vos attentes ;
- vous êtes capable de renoncer aux attentes moins importantes et à celles que vous reconnaissez ne pas pouvoir maîtriser ;
- vous dites à vos enfants que vous êtes déçu lorsqu'ils ne répondent pas à l'une de vos attentes, mais de manière à ne pas les critiquer ni abuser de votre pouvoir ;
- vous pouvez modifier vos positions et vos attentes et l'avouer franchement lorsqu'elles ne sont pas fondées.

Le pouvoir n'est utile que s'il s'exerce dans une relation empreinte de respect.

45

Tirer profit des conflits

Quand des gens vivent ensemble, les conflits sont inévitables. Ils veulent tous satisfaire leurs besoins et se sentir à l'aise et en sécurité, mais chacun a sa propre façon d'y parvenir. De plus, dans de nombreux domaines, nos besoins et nos désirs ne coïncident pas. Quand on n'obtient pas ce que l'on veut, on se sent coincé, bouleversé et menacé. Les émotions nous submergent et les conflits surgissent.

Plus l'objet de la dispute est important pour vous, plus vous êtes obstiné, plus le conflit dégénère. Il est fort probable également que plus la personne vous est chère, plus vous serez affecté par ce différend. En fait, les conflits sont peut-être plus désagréables et plus menaçants quand ils impliquent des personnes que vous aimez. Mais si vous y réfléchissez, la plupart de ces conflits surviennent précisément *parce que* vous êtes si importants l'un pour l'autre. Le simple fait que vous soyez fâché et que vous vous disputiez est une façon de dire : « Je tiens à toi. »

Les enfants sont habiles quand il s'agit de créer des conflits pour vérifier si on les aime. Par exemple, la mère de Manuel devient très concentrée et sérieuse quand elle a des échéances serrées au travail ; c'est son moyen pour arriver à tout faire. Mais alors, Manuel se sent alors négligé. Sa solution ? Faire quelque chose pour que sa mère se fâche. Bien entendu, elle est contrariée et se fâche contre lui ; elle le punit aussi parfois. Cependant, au lieu d'être bouleversé, Manuel se sent soulagé. En attirant l'attention de sa mère de cette façon – même si l'attention est négative –, il se rassure sur l'amour qu'elle lui porte. En fait, dans plusieurs familles, ce n'est pas la source du conflit qui pose problème, mais le besoin d'attention ou le désir d'être rassuré sur l'amour qu'on nous porte.

Aussi douloureux que puissent être les conflits, la solution n'est pas de les éviter, même si vous le désirez sincèrement. En fait, l'une des manières les plus dangereuses de fonctionner dans une relation ou une famille, c'est la poursuite de « la paix à n'importe quel prix », parce que le prix à payer est trop élevé. Comme les conflits sont inévitables, on doit faire beaucoup d'efforts pour les éviter, ce qui consiste souvent à fuir la personne avec laquelle il y a conflit. Quand cela arrive, vous construisez un mur autour de vous, et tout le potentiel de rapprochement s'évanouit.

En réalité, les conflits dans une relation sont sains. Ils peuvent être utiles si vous arrivez à régler votre différend. En mettant le différend sur le tapis, on découvre quels besoins ne sont pas satisfaits. C'est un signe que la famille vit, grandit et évolue.

Vous pouvez tirer profit des conflits :

- en reconnaissant que le conflit peut survenir parce que la structure (le moment ou le lieu) n'est pas réaliste et qu'un changement de structure peut entraîner des solutions constructives ;
- en discutant de la situation et en resserrant les liens qui vous unissent ;
- en exprimant votre acceptation de l'inévitabilité des conflits et en arrivant à une entente sur le règlement des conflits ;
- en veillant à tenir compte des sentiments de tous pour que chacun se sente inclus dans la résolution ;
- en étant respectueux en tout temps ;
- en cherchant un compromis qui amènera un dénouement positif accepté par tous, même si vous convenez d'être en désaccord.

Les conflits attirent l'attention sur ce qui doit être modifié pour que votre famille reste souple et unie.

46

Bien s'entendre dans la famille

Comment savoir s'il y a une « bonne entente » dans une famille ? On pense généralement qu'il s'agit de familles où il n'y a pas de disputes. Pourtant, il y a des familles où les disputes sont fréquentes et qui restent assez stables et heureuses. D'autres familles peuvent définir la bonne entente par le respect des règles de la maison, alors que de l'extérieur, elles peuvent paraître permissives et peu orthodoxes.

En fin de compte, chaque famille définit ce qu'est la bonne entente pour elle. Au lieu de penser aux disputes ou à votre manière d'établir des règles, examinez plutôt sa stabilité générale et la satisfaction de ses membres à long terme. Autrement dit, considérez la qualité globale des relations plutôt qu'un seul indicateur.

Lorraine, par exemple, n'aurait jamais qualifié sa famille d'harmonieuse. Elle avait quatre enfants, de cinq à douze ans. Il y en avait toujours un qui se chamaillait avec un autre. Malgré tous ses efforts, elle n'arrivait pas à contenter tout le monde. Petit à petit, elle a compris comment elle pouvait maintenir l'harmonie de la famille malgré ces différends. Elle a accepté le fait qu'ils étaient inévitables et a expliqué à ses enfants qu'elle s'attendait à ce qu'ils règlent leurs disputes sans avoir recours à la violence ou à des insultes. De plus, au souper, elle a encouragé ses enfants à mentionner un élément positif à propos d'un autre membre de la famille ou de la famille en général. Elle rappelait à ses enfants l'importance de dire souvent « Je t'aime ». Elle veillait à ce que toute la famille fasse une activité amusante, comme un jeu, au moins une fois par semaine. Elle réservait également du temps en tête-à-tête avec chacun des enfants. Les disputes n'ont pas cessé, mais la qualité de la vie de sa famille s'est améliorée. Tout le monde semblait plus heureux, ce qui comblait Lorraine.

Envisagez la bonne entente dans votre famille en vous appuyant sur les principes et les méthodes présentés dans ce livre.

Principes à retenir

- Respectez-vous mutuellement et respectez les biens et l'espace de chacun.
- Ne critiquez pas et ne jugez pas.
- Assumez ce que vous dites : parlez de ce qui est important pour *vous*.
- Concentrez-vous sur les éléments positifs et fermez les yeux sur les éléments négatifs aussi souvent que possible.
- Gardez à l'esprit les éléments positifs qui forment la base de vos relations avec les autres et exprimez ces sentiments positifs aussi souvent que possible.

- Efforcez-vous d'établir des règles *de la maison* plutôt que *vos* règles. Cela favorise la coopération.
- Tenez régulièrement des conseils de famille pour qu'il soit possible d'exprimer des idées, des sentiments et de nouvelles solutions.
- Pour favoriser la bonne entente, établissez des règles et des accords en famille et renforcez-les avec constance.
- Organisez des activités familiales amusantes régulièrement.
- Rappelez-vous que personne n'est parfait: pardonnez aux autres et n'entretenez pas de sentiments de déception.
- Quand quelque chose ne fonctionne pas, discutez en famille en gardant l'esprit ouvert et exprimez vos sentiments.
- Surtout, *ne renoncez pas*. Dites à tous les membres de votre famille à quel point la bonne entente est importante pour vous et jusqu'où vous êtes prêt à aller pour y parvenir.

Chaque famille définit ce que signifie pour elle la bonne entente, mais pour atteindre cet objectif, il faut se mettre d'accord sur ce qu'on recherche et sur la façon d'y arriver.

47

Bien s'entendre avec l'autre parent

Souvent, ce qui est le plus difficile pour un parent seul, c'est de s'entendre avec l'autre parent des enfants. Si vous avez eu une relation amoureuse avec cette personne, il faudra probablement du temps pour que les sentiments que vous éprouviez pour cette personne qui a été si importante pour vous se calment. Comme vous avez des enfants ensemble, il n'est peut-être pas possible (ni dans l'intérêt de vos enfants) de couper les ponts avec votre ex-conjoint ou ex-conjointe. Même si vous faites beaucoup d'efforts pour vous distancier de l'autre parent, vous pouvez encore vous sentir envahi par des sentiments de frustration, de colère et d'impuissance quand vous discutez de vos enfants. Au lieu de tenter de nier ces sentiments – ce qui ne fonctionne jamais –, il vaut mieux garder à l'esprit des limites qui vous aideront à faire face à la situation. C'est-à-dire qu'il faut que vous pensiez à ce que vous voulez accomplir et à la position que vous devez tenir pour atteindre cet objectif. Ensuite, vous devez vous *concentrer sur cette position.*

Michel a fait tout ce qu'il pouvait pour s'entendre avec son ex-femme sur la garde partagée de sa fille, Cécilia. Cependant, le tribunal ne s'est pas prononcé en sa faveur et a permis à la mère de Cécilia de déménager dans une autre province avec sa fille. À bien des égards, Michel ne s'en est jamais remis. Toutefois, il a fini par *accepter* le fait que Cécilia était trop importante pour laisser ces sentiments négatifs couver et détériorer sa relation avec elle. Il a fait de cette réalité sa position fondamentale. Il gardait constamment cette valeur à l'esprit pour ne pas dévier de sa position ni réagir négativement.

Michel savait également que même s'il vivait loin de sa fille, il voulait faire partie de sa vie. Il a donc décidé de passer plus de temps avec elle pour suivre ses progrès à l'école. Il lui a aussi aménagé une chambre chez lui pour que tous les deux aient le sentiment qu'elle y avait sa place, même quand elle était chez sa mère.

Il a également admis qu'il serait dans le meilleur intérêt de Cécilia qu'il s'entende avec son ex-femme. Même s'il se sentait frustré et impuissant chaque fois qu'il parlait avec son ex-femme, il a conservé à l'esprit l'amour de sa fille pour trouver des compromis qui répondaient à ses besoins. Avec le temps, cette attitude est devenue plus naturelle, et Michel a constaté que les moments qu'il passait avec Cécilia étaient de plus en plus satisfaisants.

Principes à retenir

- L'autre parent reste important pour vos enfants.
- Vos enfants aiment leurs deux parents.

- Plus vous et l'autre parent pouvez collaborer, moins les enfants se sentent déchirés. Cela leur permet de canaliser leur énergie vers leur croissance.
- Concentrez-vous sur ce que vous devez faire pour optimiser votre vie familiale avec vos enfants. Ne réagissez pas d'instinct aux sentiments que l'autre parent fait naître en vous.
- Admettez que les efforts que vous faites pour neutraliser ce qui vous préoccupe chez l'autre parent se retourneront probablement contre vous.
- Conservez votre position. Concentrez-vous sur ce qui est important pour le bien-être de vos enfants.
- Recherchez des compromis tout en conservant votre position. Vous pourrez alors assumer les décisions prises et ne serez plus sur la défensive.
- Concentrez-vous toujours sur les efforts nécessaires pour créer et maintenir une relation de qualité avec vos enfants.

Conservez votre position et vous serez satisfait de la qualité de votre relation avec vos enfants et de vos actions.

48

Bien s'entendre avec de jeunes enfants

Chaque jour, les jeunes enfants tentent de comprendre le monde. En raison de leur inexpérience, ils peuvent avoir de la difficulté à saisir certaines choses et à exprimer leurs sentiments. Ils ont également tendance à aborder le monde concrètement et en termes absolus : noir ou blanc, bien ou mal. À leur âge, leur vision du monde est moins subtile.

En même temps, ils absorbent tout ce qui les entoure, même ce qu'ils ne comprennent pas. On est parfois surpris par la profondeur de leur compréhension et par l'acuité de leurs perceptions. La manière dont on parle aux jeunes enfants est donc cruciale.

Naturellement, vous cherchez à ce que vos enfants apprennent des choses et se servent de leurs habiletés pour trouver le succès et le bonheur. Vous voulez qu'ils aient confiance en eux et qu'ils deviennent des êtres humains responsables. Vous voulez également qu'ils s'entendent bien avec les autres et qu'ils cultivent de belles relations. Les rapports que vous établissez avec vos enfants, à partir de leur petite enfance, façonneront le contexte qui leur permettra de développer ces compétences qui vous tiennent tant à cœur.

Hélène voulait avoir la meilleure relation possible avec ses enfants, de deux, quatre et sept ans. La période précédant sa séparation avait été très difficile; il lui avait fallu toute son énergie pour faire face à la situation. Une fois installée avec ses enfants, elle voulait tout faire pour bâtir une vie stable et épanouissante avec eux. Elle savait que c'était difficile pour eux de verbaliser leurs sentiments, mais elle n'aimait pas qu'ils les manifestent par la désobéissance ou des comportements irrespectueux. Cependant, elle savait qu'en les laissant exprimer leurs sentiments, il serait plus facile pour eux de composer avec les changements qu'ils vivaient.

Hélène a pris le parti d'être patiente devant l'immaturité de ses enfants et de ne pas trop se formaliser de leurs comportements. Elle faisait de l'écoute active lorsqu'ils lui demandaient quelque chose. Ainsi, elle tenait compte de leurs sentiments avant d'exprimer les siens. Hélène connaissait aussi l'importance du jeu pour les enfants. Ils lui demandaient souvent de jouer avec eux. Elle savait que c'était un bon moyen pour approfondir leurs relations. Elle s'efforçait de mettre de côté ce qu'elle faisait quand ils lui demandaient de jouer. Même quand le temps ou les responsabilités la bousculaient, elle jouait un petit moment, en précisant à l'avance aux enfants le temps qu'elle pouvait leur consacrer. Sa famille semblait plus heureuse, et ses enfants plus coopératifs.

Principes à retenir pour bien s'entendre avec de jeunes enfants

- Respectez leur besoin d'indépendance.
- Tenez compte de leurs sentiments. Déchiffrez ce qui les motive avant de décider comment réagir.
- Soyez réaliste quant à vos attentes. Les enfants sont immatures et ne maîtrisent souvent quelque chose qu'après avoir traversé une longue période d'essais et d'erreurs.
- Créez une structure familiale qui tient compte de leur développement et veillez à ce qu'il y ait de la constance dans les routines.
- Il n'est pas toujours nécessaire qu'ils comprennent les raisons derrière une limite ou une règle. Il peut être plus facile pour eux de s'y soumettre si vous répondez parfois: «Parce que c'est important pour moi.»

Jouez avec vos enfants aussi souvent que possible, c'est le meilleur moyen pour bien vous entendre.

49

Bien s'entendre avec des adolescents

Pour bien s'entendre avec des adolescents, il faut prendre en compte les changements et les besoins inhérents à leur développement. L'un des aspects les plus difficiles consiste à s'adapter à leur indépendance et à leurs capacités croissantes. Généralement, les adolescents progressent dans ces domaines beaucoup plus vite que vous ne l'admettez parfois. Malgré tout, c'est votre rôle de les surveiller pour veiller à leur sécurité et pour défendre les valeurs importantes dans votre famille. Ils peuvent agir comme s'ils ne vous considéraient plus important, mais ils ont besoin, et ce, depuis toujours d'acceptation, de respect, d'un regard positif et d'amour inconditionnel. La clé pour vous entendre avec vos adolescents est de trouver l'équilibre entre le respect que vous manifestez pour leurs sentiments ou leurs points de vue et la nécessité de veiller à leur sécurité et à leur stabilité. En résumé, guidez-les, mais ne les dominez pas.

Les spécialistes du développement de l'enfant ont défini un concept qui encourage la compétence, l'estime de soi, le développement moral, la maîtrise de soi et l'indépendance chez les enfants. C'est ce qu'on appelle le *bon usage de l'autorité parentale*.

Principes à retenir pour faire bon usage de l'autorité parentale

- Répondez aux attentes de vos enfants et attendez-vous à ce qu'ils répondent aux vôtres.
- Ayez des attentes claires selon leur âge.
- Manifestez une attitude d'accommodement.
- Faites respecter les règles lorsque c'est nécessaire.
- Encouragez vos enfants à exprimer leurs opinions et à prendre la responsabilité de leurs actions.
- Expliquez les raisons qui sous-tendent vos points de vue et vos attentes.
- Expliquez clairement aux enfants les motifs et les raisons qui ont engendré les règles.

Suzanne et sa fille aînée Charlotte étaient de plus en plus souvent en désaccord. Elle avait toujours été première de classe au primaire, mais au secondaire, ses notes avaient baissé. Suzanne avait l'impression que c'était parce qu'elle était trop absorbée par sa vie sociale. Suzanne avait toujours encouragé Charlotte à être indépendante : elle écoutait le point de vue de sa fille, exprimait clairement ce qui était important pour elle, en plus de faire valoir ses attentes et ses valeurs. Elle ne s'offusquait pas lorsque Charlotte était irrespectueuse, mais cherchait plutôt un accommodement. Après mûre réflexion, Suzanne a décidé de parler à sa fille.

Pendant cette conversation, Suzanne a fait part de son inquiétude au sujet des notes de Charlotte et du changement dans leur relation. Elle a expliqué qu'elle ne pouvait pas laisser les choses continuer ainsi. Même si la tension était perceptible, Suzanne a mentionné qu'elle était optimiste quant à leur capacité de trouver un terrain d'entente. Elle a dit à Charlotte qu'elle comprenait que sa vie sociale était importante pour elle, mais qu'elle voulait l'aider à trouver un meilleur équilibre entre ses amis et ses responsabilités à la maison comme à l'école. Finalement, elles ont convenu d'un horaire : Charlotte ferait d'abord ses tâches à la maison et ses devoirs, puis elle pourrait appeler ses amis. Suzanne vérifierait chaque soir si Charlotte avait terminé toutes ses tâches. La jeune fille passerait plus de temps avec ses amis la fin de semaine si elle respectait les règles. Suzanne et Charlotte ont été soulagées de pouvoir s'entendre.

Faire bon usage de l'autorité parentale n'est pas toujours facile, mais si vous persévérez, vous serez enchanté par les résultats.

50

Bien s'entendre avec la famille élargie

Quand vous êtes devenu chef de famille monoparentale, vous vous êtes probablement tourné vers vos parents, vos frères et sœurs et votre famille élargie pour avoir du soutien et de l'aide pendant la période de transition. Demander de l'aide n'est pas toujours facile quand on tire sa fierté de son indépendance et de son autonomie. Cependant, c'était judicieux de votre part, et peut-être n'aviez-vous pas d'autre choix. Sur le plan psychologique et relationnel, être dépendant de votre famille fait parfois en sorte que vous êtes traité comme un enfant plutôt que comme le parent responsable que vous êtes. Cela crée des tensions subtiles dans vos relations avec les membres de votre famille. Vous êtes content qu'ils vous aident, mais vous voulez conserver votre indépendance. Vos parents, par amour et par souci pour vos enfants, veulent prendre soin de vous et peuvent s'offenser si vous résistez à leurs attentions. Il faut du temps et de la patience pour trouver un terrain d'entente.

L'expérience d'Isabelle illustre bien les sentiments et le stress que cela peut engendrer. Quand elle s'est séparée, elle a dû vendre sa maison. Elle s'est sentie obligée de s'installer chez ses parents. Ils ont été d'un grand secours et ils étaient très heureux de passer plus de temps avec leurs petits-enfants. Comme ils étaient à la retraite, ils pouvaient s'occuper d'eux, car Isabelle devait se trouver un emploi. Cette aide l'a soulagée au début, mais avec le temps, l'arrangement la satisfaisait moins. Sa mère critiquait sa façon d'élever ses enfants et trouvait tout naturel de dire ce qu'elle pensait devant elle et ses enfants, ce qui ébranlait Isabelle. De plus, sa mère n'était pas constante dans sa façon d'agir avec les enfants, un comportement qui la dérangeait également. Toutefois, Isabelle avait de la difficulté à s'affirmer, parce qu'elle se sentait comme une enfant dans la maison familiale.

Finalement, Isabelle a demandé à parler à son père et à sa mère. La conversation a été particulièrement difficile. Sa mère s'est sentie blessée quand Isabelle a exprimé ses préoccupations. Isabelle a dit qu'elle se sentait triste de voir sa mère blessée et qu'elle était reconnaissante envers ses parents pour leur amour et leurs soins. Cependant, elle leur a expliqué avec fermeté qu'elle avait besoin qu'ils soutiennent son autorité sur ses enfants, même si parfois ils n'approuvaient pas ses méthodes. Elle a souligné que sans leur soutien, ce serait difficile pour elle de continuer à vivre chez eux. L'atmosphère est restée tendue pendant quelque temps, mais peu à peu, Isabelle a constaté que ses parents essayaient de répondre à ses demandes. Elle se sentait mieux grâce à leur appui. Quand elle a finalement emménagé dans sa propre maison, elle était heureuse de pouvoir quitter ses parents la tête remplie de bons souvenirs au lieu d'éprouver du ressentiment.

L'histoire d'Isabelle montre à quel point il est important de fixer des limites claires quand on dépend du soutien de sa famille élargie. Toutefois, vos parents ne sont pas les seuls à pouvoir vous aider. Vos frères et sœurs, vos oncles, tantes et cousins dont vous êtes proches peuvent également vous donner un coup de main. Trouvez une façon de dire aux membres de votre famille que vous avez besoin de leur aide, mais qu'ils doivent toutefois respecter votre autorité. Une fois cette précision faite, vous et vos enfants profiterez de la sécurité et de la chaleur de ceux qui vous aiment et tiennent à vous.

Conclusion

J'espère sincèrement que la lecture de ce livre vous a apporté des informations précieuses et utiles. J'ai tenté tout au long de l'ouvrage de véhiculer des valeurs qui m'apparaissent fondamentales et qui s'avèrent essentielles dans n'importe quelle relation.

- Se respecter comme être humain.
- Être prévenant envers les autres et tenir compte de leurs sentiments.
- Assumer ses responsabilités dans ses relations et envers soi-même.
- Apprécier le temps passé avec les autres.
- Ne pas oublier que la qualité des relations avec ses enfants et ses proches est extrêmement précieuse.
- Reconnaître que les éléments positifs à la base des relations sont les meilleures ressources.

Il faut également accepter le fait que vous changez constamment. Tout est un processus, ce qui signifie que rien n'est immuable. C'est pourquoi il est si important que vous vous concentriez sur les éléments positifs de vos relations : cela vous incitera à faire ce qu'il faut pour trouver la satisfaction et le sentiment de bien-être auxquels vous aspirez.

Vous désirez également que vos enfants soient confiants, satisfaits et qu'ils remportent du succès. À titre de chef de famille monoparentale, vous vous demandez probablement comment créer la vie de famille que vous souhaitez pour eux. Vous sentez peut-être que vous n'en faites jamais assez. Si vous vous rappelez à quel point vous êtes important pour eux et que vous défendez les valeurs décrites précédemment, vous ferez tout ce qu'il faut. Vous constaterez également que vous êtes comblé par votre vie de famille et par l'épanouissement de vos enfants.

Les principes et les méthodes décrits dans ce livre sont basés sur les valeurs que nous avons abordées : le respect mutuel, l'écoute des sentiments des autres, l'expression de vos sentiments, etc. Pour mettre en œuvre ces méthodes, n'oubliez pas ces valeurs. Il est très facile de laisser les pensées négatives s'installer, mais cela ne vous aidera pas à atteindre vos objectifs.

Favorisez les éléments positifs, faites appels aux méthodes que vous avez apprises et rappelez-vous les valeurs inhérentes à toutes les relations importantes.

Au début, cela ne viendra pas naturellement, il vous faudra peut-être beaucoup d'efforts pour atteindre votre but, mais ces efforts seront grandement récompensés.

L'auteur

Barry G. Ginsberg, Ph. D., est psychologue de l'enfance et de la famille depuis plus de trente ans. Il est directeur général du Center of Relationship Enhancement et de Ginsberg Associates, un bureau de psychologues de l'enfance et de la famille à Doylestown, en Pennsylvanie. Depuis six ans, Barry Ginsberg anime une émission bihebdomadaire à la télévision par câble et signe une chronique sur l'art parental dans un journal de sa ville. Il a présenté des séminaires sur l'art parental devant des milliers de parents et il a animé des ateliers ainsi que des programmes de formation destinés aux professionnels sur l'art parental, le couple et les relations familiales. Il a grandi dans une famille monoparentale.

Barry Ginsberg est membre de l'American Psychological Association et de la Pennsylvania Psychological Association, agrégé en psychologie familiale de l'American Board of Professional Psychology, superviseur à l'American Association for Marital and Family Therapy, agrégé de l'American Family Therapy Academy, superviseur agrée en thérapie par le jeu et psychologue scolaire certifié.

Les nombreuses publications de Barry Ginsberg mettent l'accent sur les interventions cliniques et la prévention auprès des enfants, des couples et des familles. Son ouvrage précédent s'intitule *Relationship Enhancement Family Therapy* (John Wiley & Sons).

L'auteure de l'avant-propos, **Roberta Israeloff,** a écrit quatre ouvrages documentaires personnels (dont *Kindling the Flame : Reflections on Ritual, Faith and Family*, Simon and Schuster). Elle a aussi écrit ou coécrit de nombreux livres sur l'art parental. Elle a été collaboratrice à la rédaction du magazine *Parents* pendant six ans et a signé des douzaines d'articles sur les divers aspects de l'art parental et de la vie de famille pour *The New York Times, Glamour, Good Housekeeping* et plusieurs autres publications américaines, dont le magazine en ligne *Jewish Family and Life*.